花に出会う山歩き

川崎　順二

静岡新聞社

自然の輝きに心を寄せて山を歩く

私の登山歴は、中学時代に登った故郷の山(鰐塚山・１１１９ｍ)から始まった。高校、大学と山岳部に所属し、近くの霧島連山や九州の山々をフィールドに、遠く北アルプスにまで遠征して鍛えられた。

就職のために来静して、憧れの山はもっと身近になった。とはいえ、自由に使える時間は少なく、登山の回数も減った。だが、この四十余年、毎年の山行を欠かしたことはない。ひたすら頂上を極めることだけが目的のような山行から、自分の加齢と共に、その目的や楽しみ方が変化し、山への思い入れもいっそう深くなったと思う。家族を伴っての登山やキャンプ時に、息子たちへ山小屋や野外で生活する時のマナーをはじめ、自然界の不思議や面白さを語り伝えることも、父親としての重要な役割だった。

いつのころからか、山は若者と入れ替わって中高年でにぎわっている。自然を求めて山に入る人が増えるのは喜ばしいことではあるが、そのことによって、山が汚され踏み荒らされて、貴重な植物が姿を消してしまうこと、入山制限の問題等を見聞きすることには、耐え難い思いもある。

退職の記念に歩いたスイスの山の何と美しかったことか。異なる国の人々が、母国語で挨拶を交わしながら、ファミリーや友人とランチ持参で、それぞれに山野を楽しんで歩いていた。が、山道に一片の紙くずも目にすることはなかった。

四季折々に変化する山の姿、過酷な環境に耐えて美しく輝く草や木々の一本一本、雑草という名の草もなく、雑木という名の木もない。どれもどれも、その場にあってこその、小さく貴い命なのだ。山に入ったら、そこを居場所とする草花や木々に出合い、小鳥のさえずりに耳を傾け、爽やかな風を感じて欲しい。忘れがちな、足下の草花にも心を寄せることで、自然保護という言葉がもっと身近なものとなり、いっそう素晴らしい山旅が約束されるはずだから。この本が、その一助になればとの思いでまとめた。私のささやかな願いを汲んでいただければ幸いである。

二〇〇〇年五月　川崎順二

目次

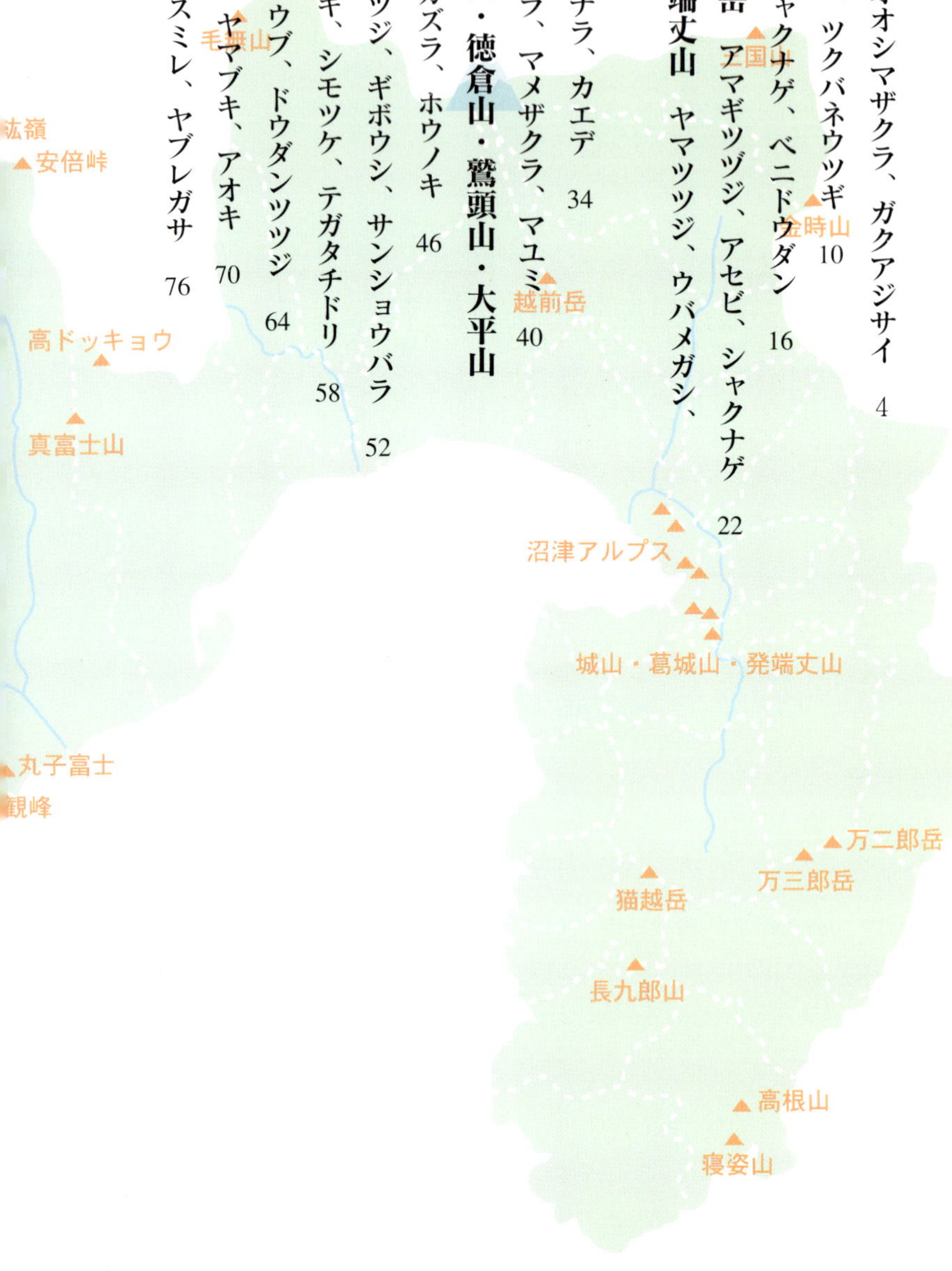

毛無山
三国山
金時山
越前岳
安倍峠
高ドッキョウ
真富士山
沼津アルプス
城山・葛城山・発端丈山
丸子富士
万二郎岳
万三郎岳
猫越岳
長九郎山
高根山
寝姿山

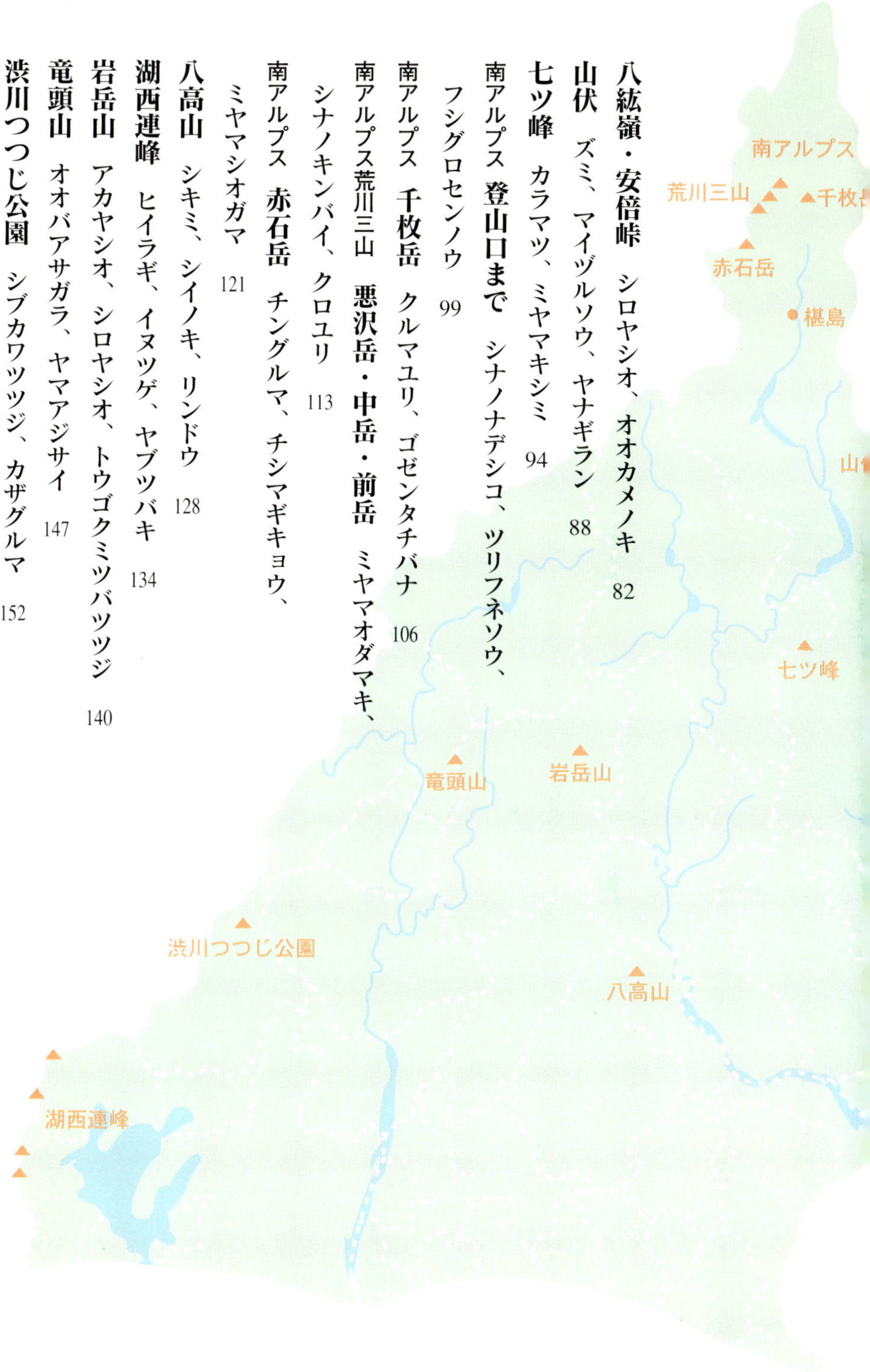
南アルプス
荒川三山
千枚
赤石岳
椹島
山
七ツ峰
竜頭山
岩岳山
渋川つつじ公園
八高山
湖西連峰

寝姿山《ねすがたやま》・高根山《たかねさん》

オオシマザクラ、ガクアジサイほか

［下田市／200m・343m］

山頂にも海岸特有の植物。遥かに伊豆七島をのぞむ

ゴンドラに乗り、草花に迎えられて寝姿山山頂へ向かう。散策に程よいコース。石仏で知られる高根山への縦走はそれなりの身支度が必要だが、蓮台寺温泉に下れば満足度も高い。

伊豆急下田駅前にロープウエイの駅がある。下田市街や伊豆諸島の眺望抜群の寝姿山へ架けられたものである。それを利用して山頂に向かう。「この山をふもとの町から眺めると、仰向けに寝た婦人の姿に似ているからだ」と案内放送がある。

ゴンドラに乗って山頂駅までは数分、サクラやツツジ、色とりどりの草花が植えられている。展望台からは眼下に波静かな下田港、須崎半島と水仙の群生する爪木崎《つめきざき》、神子元島《みこもとじま》の灯台、遥かに伊豆七島と、歓声を上げたくなるような素晴らしい眺めである。

20分ほどの散策コースを歩いて寝姿山の山頂に着く。

ロープウエイ駅から山頂にかけて、ヒメユズリハ、ウバメガシ、シロダモ、オオシマザクラなど海岸特有の植物が多く見られる。

ヒメユズリハは、ユズリハ科に属する。常緑高木で、名前の由来は内陸部にあるユズリハに似ているが、全体的にやや小さいことによる。ユズリハは新芽が出てから古い葉を散らすので、「代をゆずる葉」が名前の由来とされ、代々引き継ぐ反映の象徴として、また旧年を送り新春を迎える正月の縁起植物として欠かすことのできないものとなっている。

伊豆半島や伊豆大島に多いオオシマザクラは桜の原種で、エドヒガンとの交雑種が春の日本を彩るソメイヨシノであり、カンヒザクラとの交雑種が河津町の町おこしに一役買っているカワヅザクラだといわれている。もちろん、いろいろな品種の八重ザクラの原種でもある。また、桜餅の葉もオオシマザクラであり、そ

→オオシマザクラ（開花3～4月）

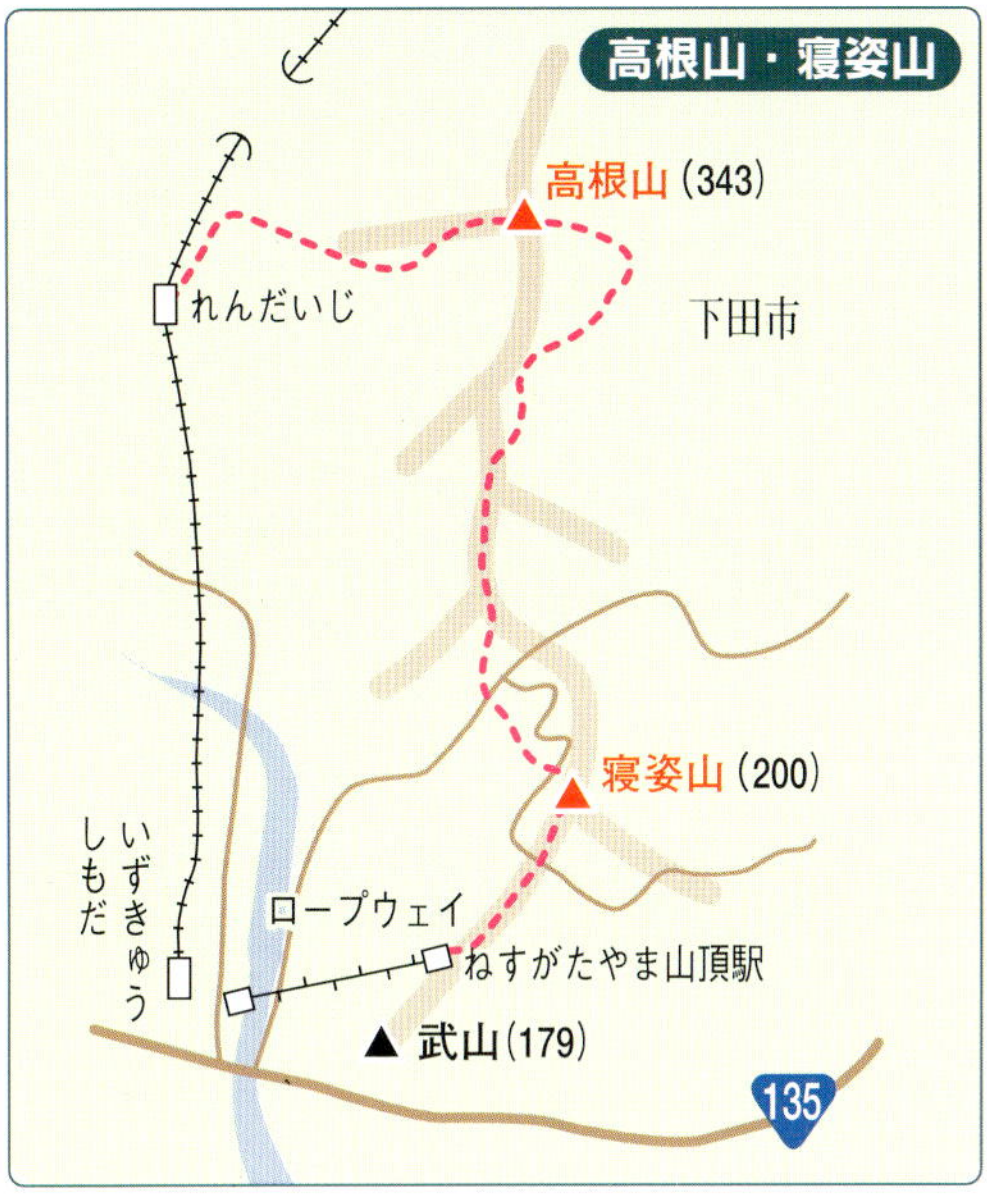

→シロダモの花（開花11月）

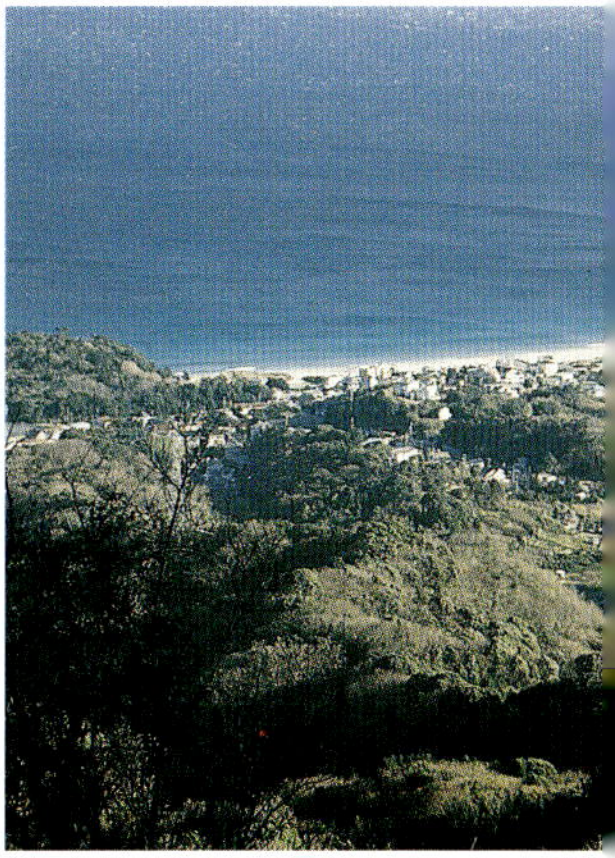

→エメラルドグリーンに輝く白浜海岸

〈参考コースタイム〉
ロープウエイ寝姿山山頂駅─20分─寝姿山─20分─伊豆急行私道分岐点─40分─蓮台寺駅分岐点─20分─高根山─50分─伊豆急行蓮台寺駅

の多くは松崎町で生産されている。ニシキギ科の常緑高木のモクレイシという珍しい植物も見ることができる。これは、房総半島、神奈川県、九州西南部、伊豆半島と隔離分布する。

寝姿山は、森林公園として整備され、松やサクラの中に芝生の広場があり、四季の花木も植栽されて市民の憩いの場となっている。周辺には、和紙の原料となるコウゾやサクラガンピも自生している。

高根山へは身仕度が必要

寝姿山頂までは散策の服装でよいが、ここから縦走して高根山に登るには、それなりの身仕度が必要だ。

都市公園的に整備された寝姿山森林公園を後に歩き始めると、どれがルートか判断つきかねるほどの踏み跡がある。かつて素晴らしい景観だった赤松林の面影はなくなり、伐倒され、朽ち果てた丸太ばかりが目につく。マツクイムシの被害だ。上部を覆っていた木が枯れると、その下で細々生きていた樹木が、待ちかねていたように一斉に枝葉を繁らせる。そのために道もわからないほどになり、並行する形で走っている林道を歩く人も多いのかルート探しに苦労した。ブッシュの中をようやく林道に出ると再び、山に入るルートがわからない。林道沿いは、まるで廃棄物処分場のようで怒りを感じる。林道の法面《のりめん》にはオオバヤシャブシやハコネウツギ、ハチジョウキブシなど陽の光を浴び枝を存分に広げている。

オオバヤシャブシは、潮風が吹き付け、岩が露出するような急斜面に多く生育する。根粒バクテリアと共生するため窒素分の少ない場所でも生育が早く、別名「はげしばり」といって治山工事や造成地の緑化樹として利用される。また果実にタンニンを多く含み染料にも利用された。

ハコネウツギは、箱根に多いからその名が付いたともいわれているが、誤認ともいわれていてはっきりしない。潮風に強く防風垣として植栽されてきた。

林道歩きをして程なくすると市道と交差して、ようやく正規のルート

→ハコネウツギ（開花5〜6月）

↑展望台

の案内表示板が現れた。森林公園を出て、少し戻った所にルート表示があったのだ。どこの山も林道や農道が開設されると、ハイキングコースや登山コースの道標がなおざりにされて、思わぬ遠回りをさせられることが多い。

珊瑚礁《さんごしょう》のような海岸線

市道から、企業管理の私道(車輛は進入禁止)を経て送電線の下を通過する。広場があるが、その手前に縦走コースが左へ登っている。ここからは、古くからの山道で爽快な気分で歩ける。数多い園芸品種のアジサイの原種といわれるガクアジサイや木漏れ日に赤い実の輝くハナミョウガが目に留まる。

ガクアジサイは、日本固有種で特に伊豆半島、伊豆諸島に多く分布している。山の自然公園にアジサイを植えるときは、西洋アジサイではなく、このような野生種で彩りをしてほしい。

コースの途中、ミカンの廃園や古びた農作業小屋、伊豆急行蓮台寺駅へのショートカットの峠を過ぎて、山腹をトラバースしながら伊豆東海岸側を歩くと、珊瑚礁のようなエメラルドグリーンの白浜の海岸線が望めるようになる。ここに高根山と白浜への分岐点があり、NHKの放送塔へ連なる送電線の下を直登するコースがある。しかし、もう少し先まで歩くと、古くからのルートがあるので、そちらを登りたい。

高根山頂からは、ほんの少し富士山の頂と、東に相模灘、伊豆大島等が一望できる。

山頂にはテレビ中継塔、それと対照的に役行者《えんのぎょうじゃ》座禅石と地蔵堂がある。お堂には地蔵菩薩が祭られ、その周りには奉納された多数の小さなお地蔵さんが並んでいる。いずれも「海上安全」「大漁祈願」のために納められたものという。寝姿山～高根山3時間の縦走コースも蓮台寺駅への下山で終わる。

⬆高根山頂の地蔵菩薩

⬆ガクアジサイ（開花６～７月）

⬆ハチジョウキブシ（開花３～４月）

猫越岳《ねっこだけ》

ヒメシャラ、ツクバネウツギほか

［天城湯ヶ島町、賀茂村、西伊豆町／1038m］

西伊豆山稜の主峰、神秘的な火口湖風景

大パノラマが広がる仁科峠から、緩やかな坂を登って猫越岳へ。アセビ、ヒメシャラ、ブナの樹木が美しい。運がよければキジやシカに遭遇することも。

天城山脈《あまぎさんみゃく》は、天城峠付近を底辺とする大きなU字型で峰々を連ねている。かつて山並みに沿って東側の伊豆スカイラインと西側の西伊豆有料道路を結ぶスカイライン構想がたてられたが実現しなかった。おかげで狭い伊豆半島の中でも、自分の足を運ばなければ接することのできない素晴らしい自然が残されている。

天城峠から北西の達磨山《だるまやま》までを西伊豆山稜と呼ぶ。猫越岳はその主峰で、山頂近くには猫越火山の火口湖跡があって興味深い。

猫越岳へは、天城湯ヶ島町と賀茂村との行政界に位置する仁科峠《にしなとうげ》から入り、天城峠へと下山するのが一般的である。が、この計画では天城湯ヶ島町から仁科峠まで交通の手段がないのでタクシーの利用となる。マイカーで出かけて仁科峠に駐車したら、のんびり猫越岳まで往復した後に西天城高原一帯を散策するのもよい。

斜面を黄色に彩るジシバリ

仁科峠への道路は、天城湯ヶ島温泉から持越川《もちこしがわ》沿いに走る県道、賀茂村宇久須《うぐす》と西伊豆町から通じている県道、そして平成11年に天皇・皇后両陛下をお迎えして開催された第50回全国植樹祭を契機に開通した船原峠から仁科峠までのスカイラインの3本がある。船原峠からの新しい道路は、法面や沿線の緑化に様々な自然復元の工夫がしてある。これが将来どうなるかも楽しみだ。これを眺めながら走れば、これからの道路建設を考える上で参考になることがあるかもしれない。完成したばかりの法面には、客土に混入していたのか農耕地では嫌われもののニガナの仲間ジシバリがはびこり、5月には黄色一色の見事な花を咲かせていた。

仁科峠の手前にある風早峠は、西海岸から猛烈な風が吹き抜ける所で樹木に対する風の影響を見るのも興味深い。

仁科峠の駐車場に車を止めると、一大パノラマが展開する。北には不

⬆森の影を映し神秘的な雰囲気を漂わせる猫越峠火口湖

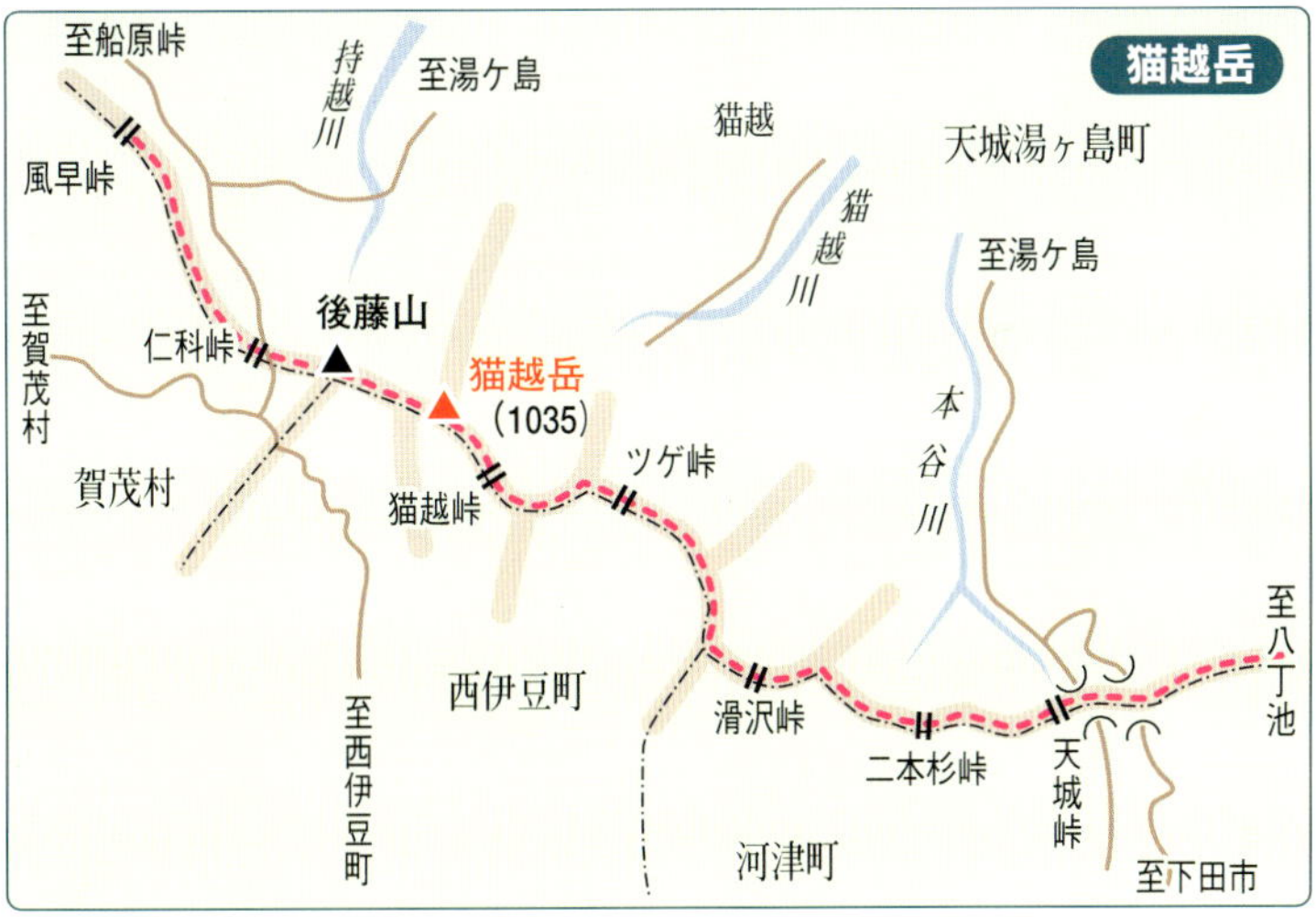

動の美しい富士が裾野を広げ、西側は伊豆西海岸から駿河湾を隔てて日本平、南アルプスの山々までも。東側は、伊豆もこんなに奥が深いのかと感嘆するほどの山並みが続く。

仁科峠から猫越岳を目指すと

〈参考コースタイム〉

仁科峠—1時間—猫越岳展望台—5分—猫越峠火口湖跡—5分—猫越岳—30分—猫越峠—1時間—ツゲ峠—1時間—滑沢峠—30分—二本杉峠—40分—天城峠—30分—天城峠バス停

笹が刈り払われた幅広い道で、整備の行き届いた西伊豆山稜線歩道が緩やかに登っている。東に広がる県営牧場から聞こえるのんびりとした牛の鳴き声に気だるさを感じるようだ。

　突然、静寂な空気を破ってけたたましいキジの鳴き声。豪華《ごうか》絢爛《けんらん》？な衣装をまとって雄キジが登山道を横切る。キジは、日本を代表する野鳥で「国鳥」と指定されながら、狩猟ができるという矛盾をはらんでいる。おとぎ話の「桃太郎」にも登場して幼時からの馴染みの野鳥であるが、その姿にはなかなかお目にかかれない。戦後始まったガンブームで減少したらしい。一夫多妻の習性で林縁、草原等を生息場所とする。西天城高原は、標高は高いが恰好の生息環境のようだ。ここの牧場には、牛の餌を狙ってシカの群れも出没するという。鹿・牛牧場にしたらどうだろう。

⬆黄色のじゅうたんのようなジシバリ（開花４～７月）

⬆萼が落ちる様子が羽子板の羽根に似ていることからツクバネウツギの名に（開花４～６月）

⬆猫越岳山頂

コース沿いには、濃緑色のカンアオイやミヤマシキミ、白色・漏《ろう》斗状《とじょう》をしたツクバネウツギの花等が見られる。

ツクバネウツギは、県全域に分布しており特別珍しいものではない。

花が散った後に果実についた5個の萼《がく》(花弁を囲む部分)が羽根のように残り、回転しながら落下する。その

➡アブラチャン（開花4～5月）

⬇色鮮やかなヤマツツジ(開花４～５月)

様が羽子板で遊ぶつく羽根に似ているからついた和名である。本物のつく羽根は、ムクロジの種子を利用したものである。

ブナ、ヒメシャラの林を歩く

のんびり歩いて1時間、岩のある猫越岳展望台に到着。ここまでは、林に覆われて展望が閉ざされていたので、思わず歓声を上げたくなるほどの気分だ。展望台から数分歩くと「猫越峠火口湖」がある。解説板には「猫越火山は、今から250万年前に海底の大噴火で海面に隆起した伊豆半島で最も古い火山で、噴火活動が止んで後に火口湖ができたといわれ、コケ類、カヤツリグサの仲間等、火口湖独特の植生が見られる」と説明されている。火口湖といっても水深は浅く、沼状となっている。わずかな湖面ながら静まり返った中に、森の影を映し神秘的な雰囲気を漂わせている。それにしても、猫越峠よりも猫越岳の近くにありながら、なぜ猫越峠湖なのだろう。

火口湖からアセビ、ヒメシャラ、アブラチャン等の茂る樹木のトンネルをくぐると猫越岳山頂に着く。山頂は樹林に囲まれ、全く展望はきかないが、スズタケが刈り払われた小さな広場には、中央に標高1038mの二等三角点がある。

山頂から先は、天城山を代表するブナ、ヒメシャラ等が多くなり緩やかな勾配の伊豆山稜線歩道を下ること30分ほどで猫越峠へ。猫越峠は、西伊豆町側は仁科川、湯ヶ島側は狩野川の支流・猫越川の源流部にある。他の海岸に比べて、漁業の発展が遅れていた仁科川河口部は、林業に依存することが多かったために、この峠は中伊豆地方との交流をなす上で重要な地点であったという。

標高1000m付近の落葉樹林に多く分布するヒメシャラは、ツバキ科の落葉高木で幹はツルツルしていて7月ごろ、チャノキのような白い花を咲かせる。これをサルスベリという地域があるが、サルスベリは庭木に利用される中国原産のミソハギ科に属する別名「百日紅」である。「猿も滑る」というと、曲幹のサルスベリよりも直幹のヒメシャラの方が、その名にふさわしい。全国植樹祭の跡地には天皇陛下の御歌、

西天城高原の　空晴れわたり
ひめしゃらの苗　人びとと植う

の真新しい記念の歌碑も建立されている。

猫越峠から天城峠まではおよそ3時間半の行程であるが、仁科峠の駐車場まで戻る。仁科峠を中心とする西天城高原一帯には、春にはアセビ、ミツバツツジ類、ヤマツツジ、ウツギ等のきれいな花が次々と開く。緑の牧場では、のんびりと牛が草をはむ。この光景の中にある野趣豊かな木造りの「牧場の家」で、しぼりたての牛乳を飲んで一息つくのもよい。

⬆ヒメシャラ。7月ごろ白い花を咲かせる

長《ちょう》九《く》郎《ろう》山《やま》

アマギシャクナゲ、ベニドウダンほか

［松崎町、河津町、西伊豆町／９９６ｍ］

花好きの人なら一度は登りたい。初夏、自然林の鮮やかな緑に感激

林道から近道も利用して登る。道標を見落とさないことがポイント。オオルリ、キビタキなど野鳥のさえずりもにぎやか。シャクナゲ、ベニドウダン、ガマズミ…目を奪われる美しさだ。

花好きの人なら一度は登ってみたい長九郎山。アマギシャクナゲが天城山より多いという話もある。

静岡を起点に考えると日帰り登山は無理なので、土曜日の午前に出かけ、地元の温泉を浴びて翌日のんびり登るのもよい。

登山道は下田と松崎を結ぶ東海バスの大沢温泉口が起点となる。さらに登山口のある池代《いけしろ》までバスはあるが本数が少ないので30分ほど歩く。

ところどころ山間の畑に桑畑のような景観を見ることができる。これが全国一の生産量を誇るサクラの葉を生産している畑である。樹種はオオシマザクラで、かつて絹を生産するため飼育した蚕《かいこ》の餌の桑の木の仕立て方と同じで、葉の摘み取り作業を考え、樹高を高くすることなく地際で台切りを行い、株立ちにしているのである。初夏に摘み取り、半年程塩漬けにした後、出荷する。量は年間5億枚といわれている。

道路の石垣には野生化したのか、ユキノシタの白い花が、雪のように輝いてい

る。名前の由来は、葉の上の白い花を雪にたとえ、その下の緑色の葉がちらちら見えるさまを表現したのだろうといわれている。昔から使われてきた民間薬の代表格で、葉は天ぷらやおひた

⬆長九郎山頂付近の森林
⬅サクラ葉畑

しにも供される。

那賀川《なかがわ》支流、池代川の最も奥にある集落、池代から持草川《もっそうがわ》に沿って延びている林道・池代線を登る。林道を離れて近道ルートの部分もあるので道標を見落とさないようにすれば遠回りをさせられることもない。ワサビ田を眺めながらの沢沿いや、人工林、自然林、ちょっとした草原状のところもあって、初夏には小鳥たちのさえずりがにぎやかだ。ウグイス、メジロ、ミソサザイ、オオルリ、キビタキ……。

キビタキは藪状《やぶじょう》のところにいるのでなかなか姿を見出し得ないが、胸元に鮮やかなオレンジ色の衣装をまとい、オーシーツクツク　ポーピッピッコロと声高らかに歌っている。

林道から離れていた登山ルートが、持草川に架かる林道・池代線最後の橋梁、硫黄橋に出合うと再び山道に入る。一汗もかかないうちにまた林道に出合うが、今度は池代線でなく長九郎線へと変わる。林道があまりにも複雑に入り過ぎて一瞬方向感覚を失ってしまう。

付近は人工林で林齢も若い。道沿いにはワラビ、ゼンマイ、シキミ、エゴノキ等の新芽が伸び、ハンショウヅルが花をぶら下げている。あまり見られないハンショウヅルは明るい林線から少し暗い林内でも育つキンポウゲ科のつる植物で、名前のとおり花が半鐘に似ている。面白い型をした味わいのある花である。

⬆フタリシズカ（開花５月）

林道・長九郎線を右へ少し進むと案内板があるので、それにしたがって登ると30分ほどで三方平分岐点に着く。その名のとおりルートは3方に分岐している。あたりは若い人工林と違って興奮を覚えるような雰囲気の自然林へと変わる。三方平分岐点から左のなだらかなルートをとると山頂は間近い。ますます樹木は生い茂り、アマギシャクナゲ、ベニドウダン、イヌツゲ、ネジキ、リョウブ、アセビ、ヤマグルマ等が密生している。

山頂には鉄骨造りの展望台が設置されている。鉄骨が少し気になるが、その高さはスカイラインより高くなく、色も周囲にマッチするように配慮されているところがよい。展望台

でよくあることだが、高ければよいとばかりに周辺より抜き出て、せっかくの景観を台無しにしているのを

⬆ハンショウヅル（開花５～６月）

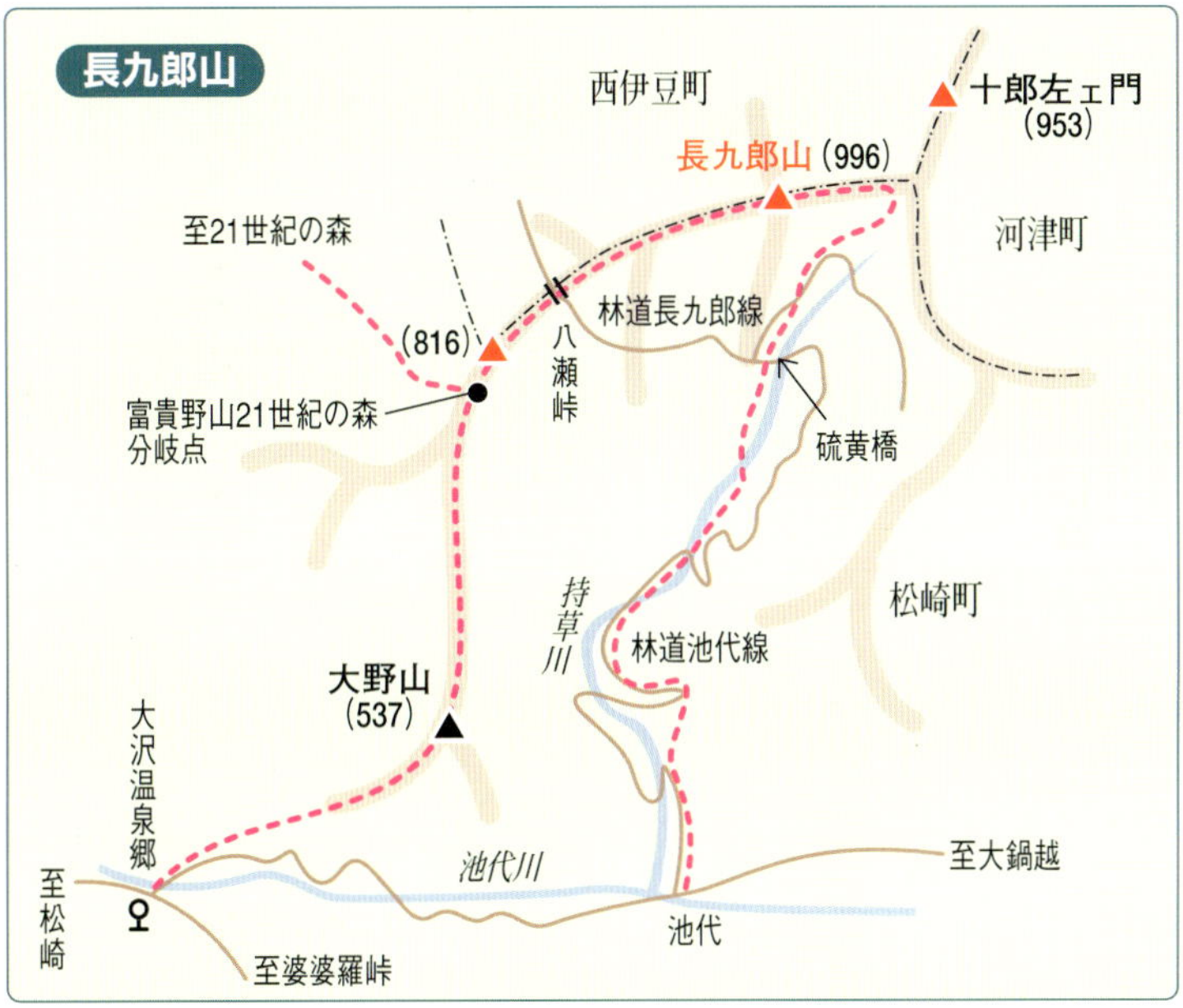

〈参考コースタイム〉

大沢温泉口ー30分ー池代ー２時間ー硫黄橋ー30分ー三方平分岐点ー30分ー長九郎山ー30分ー八瀬峠ー30分ー富貴野山21世紀の森分岐点ー２時間ー大沢温泉口

見かける。

手の届くところに無数の花

展望台に立つと、リョウブ、ヒメシャラ、アセビ等の鮮やかな緑の中に、華やかなシャクナゲの花が散りばめられている。すぐ手の届くところには目の覚めるような真っ赤なベニドウダンの花が無数に。

山頂一帯は関東森林管理局東京分局の指定する植物群落保護林となっており、その面積は2・65ヘクタール。それは法律によらず、国有林管理経営の中で自主的に保護しているもので、県内では32カ所ある。植物群落保護林には①希少化している植物群落が存する地域　②全国的には比較的一般的な植物群落であるが、分布限界等に位置する植物群落が存する地域　③湿地、高山帯等、特殊な立地条件の下に成立している植物群落が存する地域　④歴史的、学術的に価値の高いものとして伝承されてきた巨木等が存する地域　⑤その他保護が必要と認められる植物群落及び個体が存する地域　の五つの区分があり、長九郎山は⑤に該当している。

近田文弘元静岡大学助教授の調査によると5×5mの方形区域内に17株を数えるほどシャクナゲが密生している。常緑樹が密で曲がりくねった枝を張り、樹幹にコケ類やシダ類が多く付着している林相は、九州屋久島の暖・温帯林のコケの多い林とよく似ていて、熱帯のコケの森の要素を持つと思われると著《あらわ》している。

山頂をあとに八瀬峠へと下ると、松崎町の管理により、ヒメシャラ、エゴノキ、ベニドウダン等を残し、他の雑草木を刈り払う修景除伐を行った林がある。藪化した雑木林もこのように管理すれば、その景観は見違えるようになる。広くなり過ぎた空き地にはシャクナゲが植栽されており、それが大きく育つころにはもっと魅力ある長九郎になるだろう。

下山道が林道・長九郎線と交差したところが八瀬峠。林道沿いには初夏の日差しを浴びてシャクナゲやベニドウダンとはエリアを変えてガマズミやアマギベニウツギが今を盛りに咲き誇っている。その下には、ひっそりとフタリシズカがのぞく。

↑アマギベニウツギ（開花５～６月）

↑ベニドウダン（開花5月）

←ユキノシタ（開花5～6月）

一休みした後、林道を横切って30分ほど下ると「富貴野山21世紀の森」への分岐点に到達。「富貴野山21世紀の森」は、松崎町が宝蔵院という古刹を中心に昭和の時代に整備したもので、富貴野という地区の名称といい21世紀といい先見性のある実に夢のある名称だと思う。時間があればそのルートをとって門野経由で下山するのもよい。時間がなければ21世紀の森へのルートを右に見て、展望を楽しみながら大沢温泉郷に下る。露天風呂もあるので一汗流したい。

天城山系

万《ばん》三《さぶ》郎《ろう》岳《だけ》・万《ばん》二《じ》郎《ろう》岳《だけ》

アマギツツジ、アセビ、シャクナゲほか

［中伊豆町、東伊豆町／1406m・1320m］

緩やかな岩稜を飾る見事なアセビのトンネル

健脚なら縦走コース、花好きなら周遊のシャクナゲコースで楽しもう。自然林に囲まれて摂る昼食は格別。天城山最大のシャクナゲ群生地が疲れをいやしてくれる。

　天城山とは、天城山系の総称で「天城山」という固有名詞を持った山は存在しない。広義には、伊豆半島を東西に分けている山塊を指していて、その主峰が万二郎、万三郎という兄弟名の山である。名前からすると二郎の方が兄貴分の感じだが、山の高さでは三郎の方が100m近く高い。

　万二郎岳、万三郎岳の登山は、天城峠・八丁池と天城高原ゴルフ場間を縦走する、いわゆる天城山縦走か、天城高原ゴルフ場からのピストン、あるいは周遊のシャクナゲ・コースがある。前者は健脚向きで、途中に宿泊施設もないので周到な計画が必要となる。5～6月のアマギシャクナゲの開花期には、花の群生地を通る周遊のシャクナゲコースが断然にぎわうことになる。このコースは、天城高原ゴルフ場脇の登山口～万二郎岳～万三郎岳～涸沢分岐点～登山口に戻るもので、中伊豆町が大変力を入れている。

登山口に無料駐車場

　天城山系は、富士・箱根・伊豆国立公園の一角にあり道標も整備されている。ゴルフ場側の登山口には、100台以上の駐車ができる中伊豆町営の無料駐車場もあるので、安心して駐車できる。その上にトイレ、公衆電話完備で至れり尽くせりだ。マイカー登山でなかったら、JR伊東駅から「天城高原ゴルフ場行」のバスがある。4月下旬、車道の沿線はマメザクラが咲き誇り、歓迎のアーチを造ってくれる。

　駐車場で準備万端整え、案内板の横から登山道に入り、小さな尾根を

←万二郎岳山頂

⬆天城縦走路の名所、アセビのトンネル

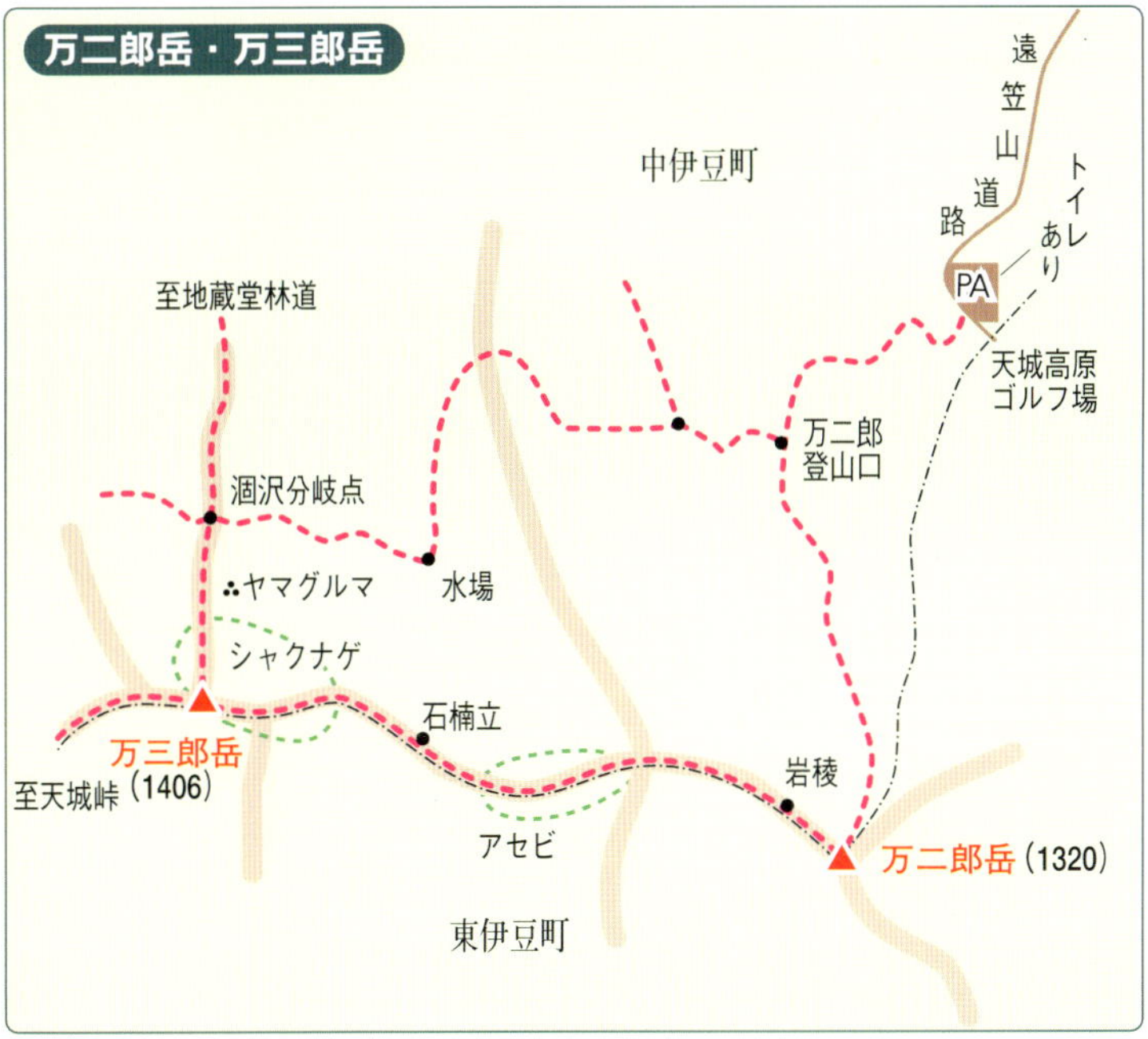

〈参考コースタイム〉
駐車場―20分―分岐点―50分―万二郎岳―30分―石楠立―40分―万三郎岳―25分―涸沢分岐点―15分―水場―35分―分岐点―15分―駐車場

越えると分岐点に出る。右のシャクナゲコースから戻ってくる道をやり過ごして万二郎岳をめざしてまっすぐに進む。雨の多い時期には清流もあり、自然林と相まって流れる汗も快い。足を運ぶ先にはキョロ・キョロ・キョコ・キョコとクロツグミのさえずりも聞かれる。

⬆万三郎岳山頂

登山標識に導かれ迷う心配はいらないが、火山灰の土壌で雨の後は滑りやすい。登山道も幾筋にも分かれたりしているが、いずれは一つになる。ジグザグコースをたどり、ミツバツツジとアセビの群落の下に、まるで緑のじゅうたんを敷いたようなミヤマシキミの群生地が出現するあたりまで登ると、万二郎岳のピークも近い。

分岐から1時間、絶景地へ

分岐点から約1時間、万二郎岳山頂は展望がきかないので小休止をしたら後数分がんばろう。縦走路の中でも最大のビューポイントとなる岩陵がある。正面は馬の背越しに、これから目指す万三郎岳、北西に富士山、南には下田市方面が望まれる。

岩陵から鞍部へ下り、馬の背に登りかかると再び展望が開ける。緩やかな馬の背は、有名なアセビ・トンネル。見事なアセビの群生地だ。

アセビは、ツツジ科の常緑・小高木で早春にスズランに似た白い花を房状に咲かせる。新葉は、鮮やかな緑、黄色、紅色等、同じ樹種でありながら変化に富んで美しい。この木にはアセボトキシンという毒成分があり、馬が葉を食べると酔ったようになるという。そのことから「馬酔木」とも書く。この毒成分を利用して、便所の消毒に使った時代もあったようだ。

アセビのトンネルを抜け出て、少し下った所が「石楠立」。ここから万三郎岳へ向かって急登が始まるが、北側にシャクナゲ、南側にブナの木が多くなってくる。二つ目の急坂を登りきると、ブナやシャクナゲの大木が生い茂る緩やかな斜面の台地となり、やがて一等三角点のある万三郎岳・標高1406mに到達する。伊豆半島の最高峰で、四辻から約2時間半の行程だが樹林に囲まれて展望はきかない。しかし、ブナ、マメザ

クラ、シャクナゲ等の自然林に囲まれた広場で摂る昼食は格別だ。
万三郎岳から西には、八丁池経由で天城峠への縦走路があるが健脚者向きだ。縦走するなら、八丁池～修善寺駅間に季節運行のバスがあるので調べておくとよい。

出発点の四辻に戻るには、登ってきたルートを引き返すか、北の涸沢分岐へ下るかである。花の季節ならば、やはり天城山最大のシャクナゲ群生地を通って帰りたい。山頂から北へ急坂を下る。段差もあって歩きにくいが、その分はシャクナゲの花が心と体をいやしてくれる。
両側がシャクナゲの木立ちに覆われた急坂の斜面にヤマグルマの大木を見ることができる。県内最大では

⬆上はアセビ。スズランに似た白い花を咲かせる(開花4～5月)
⬅下はヤマグルマ。岩の多い急斜面に生える(開花6～7月)

ないかと思われるほどのものだ。

ヤマグルマは、ヤマグルマ科の常緑高木で比較的岩の多い急斜面に生えている。名前の由来は「葉が車輪状に出る」ことから。樹皮からは、モチノキでもないのに上質のトリモチができ、かつては絆創膏等の接着材にも利用されたといわれる。木材を構成する細胞には仮導管、導管、木繊維等がある。針葉樹は大部分を仮導管が占め、広葉樹は導管で成り立っているが、このヤマグルマは、広葉樹なのに唯一、導管がなく仮導管で木材を構成している変わりもので、構造上は針葉樹に似ている。

様々な出会いを楽しみながら、30分ほど歩くと涸沢分岐点に着く。左は片瀬峠へ、直進すると林道・地蔵堂線へ続く。右側のコースが四辻への下りだ。山の中腹を巻くように下るコースは、北側の斜面で沢があり植物も稜線コースとはまるで違ってくる。

万二郎岳への登頂コースが近くなる頃には山の傾斜も緩やかになり、ヒメシャラの林になる。人の肌を思わせるような樹皮をして林立している。その中に、アマギツツジがひっそりと咲いている。

天城山には「アマギ」と付く種が十余種あるが、ツツジはその代表種と言えるのではないだろうか。シャクナゲよりも遅く、ツツジの仲間では、おそらく最後に咲く花であろう。輪生する大きな葉の中に、少し遠慮がちにオレンジがかった赤色の花を開く。アマギツツジが散るころには、伊豆の山に緑の夏がやってくる。

開発の進んだ伊豆地域にあって、天城山には素晴らしい自然が残されている。永く永くこのままの姿を残したい。

⬆花の美しさに疲れも消える。アマギシャクナゲ（開花５月）

⬅独特な花色のアマギツツジ

⬆ヒメシャラ林のアマギツツジ
（開花６月）

城山《じょうやま》・葛城山《かつらぎやま》・発端丈山《ほったんじょうさん》

ヤマツツジ、ウバメガシ、フユイチゴほか

［大仁町、伊豆長岡町、修善寺町、沼津市／342m・452m・410m］

のんびりハイキング。眼下に駿河湾、北に富士山

ムクノキ、エノキに覆われた城山の登山口、ウバメガシのトンネルも面白い。古刹益山寺《ましやまでら》の大カエデ、大イチョウも一見の価値がある。

三島から伊豆箱根鉄道に乗り、大仁駅が近くなると右側の車窓に大きな岩山を望むことができる。狩野川の西にそびえるこの岩山が城山で標高は342・2m。

その岩峰、城山を終点に尾根は西へとのび、ロープウエイで簡単に登ることのできる伊豆長岡町の葛城山を経て沼津市三津《みと》を眼下に望む発端丈山へと連なっている。富士山、駿河湾、伊豆の山々を眺めながらの実にのんびりしたハイキングコースである。

公共交通機関に恵まれず、登山口まで自家用車に頼らざるを得ない登山やハイキングコースが多い中で、このコースはその点、恵まれている。

大仁駅から小室集落の登山口までは、狩野川大橋を渡っていくと30分ほどで到着する。登山口付近はムクノキとエノキの林に覆われている。いずれもニレ科の落葉高木でこれだけの大木が茂っているのも珍しい。秋の訪れとともに、緑色をしていたムクノキの実は黒く熟し、エノキは黄色やオレンジ、赤色をした実を付ける。ムクノキの実は黒砂糖のような味がする。エノキの実は完熟しないと渋いが、熟すると甘い。人が食べてもおいしいし、ムクドリをはじめとする小鳥たちにとってもご馳走となる。

➡ウバメガシのトンネル

そんな林の中を登っていると右手の岩壁から人声が聞こえてくる。見上げるとロッククライミングをやっている。ここ城山はロッククライミングのゲレンデとして知られている山なのだ。

→城山

荷物を置いて城山へ向かう

登山口から30分も歩くと城山への分岐点に着く。荷物が多ければ、そこに置いて城山をピストンするのもよい。城山は高さはそれほどでもないが、山頂からの展望は素晴らしい。眼下には朝日に輝く狩野川が大きく蛇行し、箱根山、天城連山、田方平

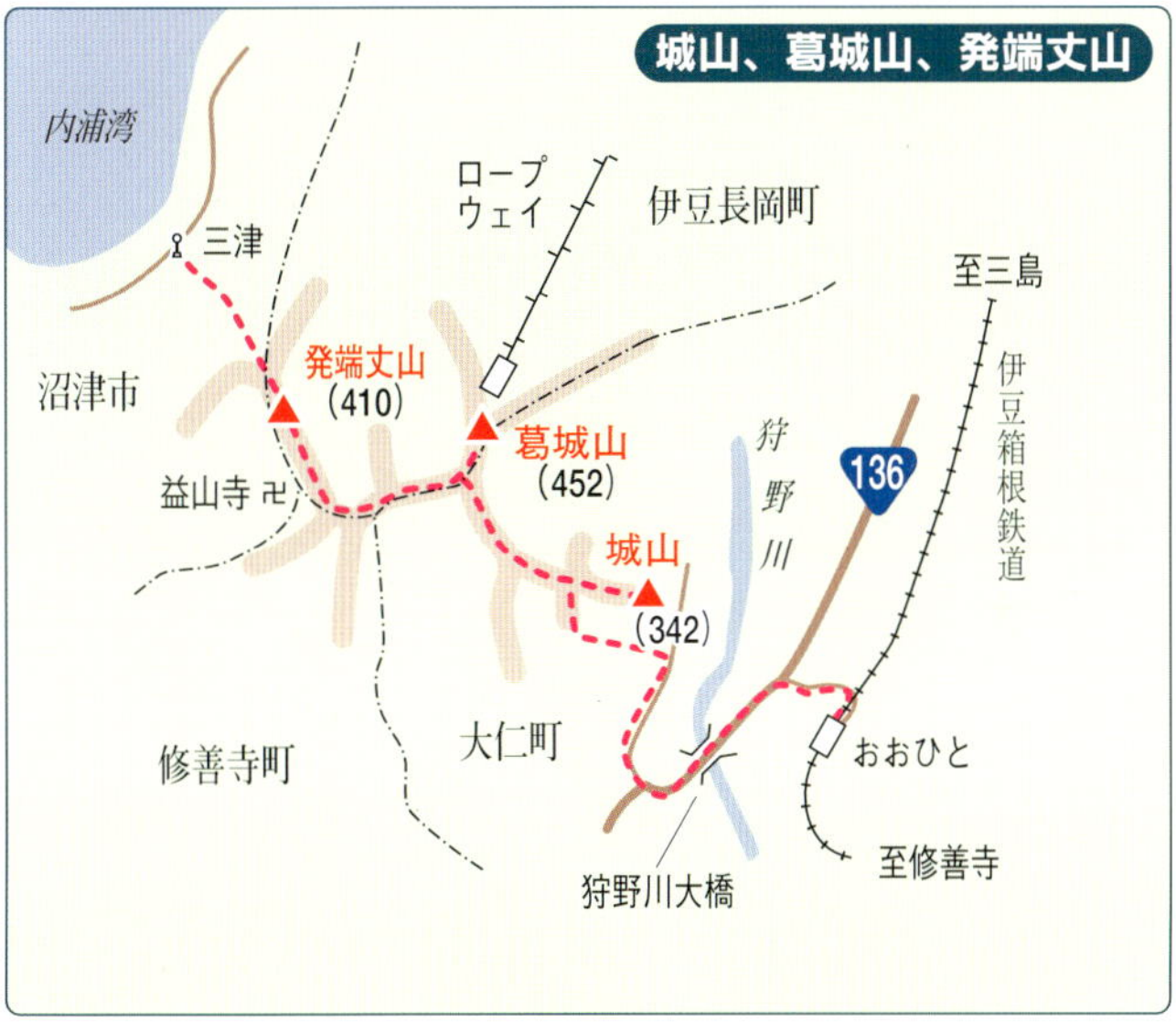

〈参考コースタイム〉
伊豆箱根鉄道大仁駅—30分—城山登山口—30分—城山分岐点—15分—城山—10分—城山分岐点—30分—葛城山分岐点—50分—葛城山—40分—葛城山分岐点—20分—益山寺分岐点（益山寺往復20分）—20分—発端丈山—40分—三津バス亭

野も一望できる。山頂付近にはヤマツツジが多く生えているので開花期の4～5月のハイキングも目を楽しませてくれるだろう。分岐点から城山山頂へのルートには、ウバメガシのトンネルもある。ウバメガシはブナ科の常緑樹で、生長はすこぶる遅く、最上質の木炭ができる。有名な和歌山の備長炭はウバメガシである。

城山をあとに分岐点へ戻り、しばらく歩くと林道城山線に出る。指導標に従って左折し、再び登山道に入って葛城山へと向かう。こちらからの登山ルートはロープウエイの反対側を登ることになり、獣道と書いた近道ルートをとるとかなり急峻である。人があまり歩かない分、山の幸を手に入れることもできる。11月も下旬ではキノコも終わりに近いが、きれいなムラサキシメジの収穫があった。また、ルートから離れた山頂の南側にはパラグライダーのフライト基地もあり、運がよければ飛び立つ風景も目にすることができる。

葛城山は標高452m。伊豆長岡からロープウエイがあるので登山客というより360度の展望を目当ての観光客でにぎわっている。ツツジやサツキが3万5000本植栽してあると案内板にあるので4～5月の開花期は見事であろう。ハイキングコースとしては都市公園化した山頂に少々落胆させられるが、展望は、城山からの展望に駿河湾、富士山の絶景が加わる。

この山は伊豆に流された源頼朝が鷹狩りを行ったところといわれ、戦国時代には伊豆と駿河の国境線となり、北条氏と武田氏の戦いが幾たび

⬆城山からの狩野川

⬆益山寺の天然記念物・大楓（紅葉 11 ～ 12 月）

となく繰り返された。今のハイキングコースは、北条氏が小田原の本城を守るため、武田勢の進撃を知らせるのに城山〜葛城山〜発端丈山に狼煙《のろし》台を設け、その連絡路であったといわれる。

発端丈山への途中、益山寺へ

その小道を発端丈山へと向かうと、途中、益山寺分岐点があり、南へのルートをとると10分足らずで益山寺に着く。

益山寺は弘法大師建立と伝えられる古刹で、境内には県指定の天然記念物「大楓」と修善寺町指定の天然記念物「大銀杏」が肩をそろえて立っている。大楓は根元周囲5・45m、樹齢860年のタカオモミジ（イロハカエデ）で県内最大のカエデといわれ、ぜひ寄ってみたい所である。

「もみじ」と言われながらなぜ「カエデ」か？「もみじ」という言葉は、モミジやカエデを指すのではなく、秋、木や草の葉が色付くことを意味する。だから「草もみじ」という名称もある。また、カエデの仲間には、タカオモミジとかヤマモミジという

←益山寺境内のカキ

←モミジガサ

ように、後にモミジの付くものもあれば、ハウチワカエデとかウリハダカエデのようにカエデの付くもの、中にはオオイタヤメイゲツとかメグスリノキ、ハナノキなどとカエデの仲間とは想像もつかないような名前があって面白い。

　益山寺から最後の頂、発端丈山へと足を進める。変わった名前であるが、達磨山火山帯の起点(発端)という意味らしい。コース沿線は刈り払われ、フユイチゴが赤く色付いている。冬の里山を歩いて口に運ぶことができるのはフユイチゴくらいだろう。歩きながら次々と口に運び、甘酸っぱい味でのどの渇きを潤す。

　発端丈山の山頂に立つと展望もクライマックスに達する。眼下に駿河湾、そして北に富士山が一段と大きく、優雅にそびえている。1日歩いた疲れも消え、あとは眼下の三津を目指して下るのみである。

⬆城山をめざして飛び立つ

⬆赤く熟したフユイチゴ(結実11月)

三国山《みくにやま》

ブナ、ミズナラ、カエデほか

［静岡県（小山町）、神奈川県、山梨県／1320m］

森の王様、ブナに親しむ山旅。足下にはかわいい草花

アザミ平の草原と尾根歩きを楽しみながら、三国峠を経てパノラマを満喫。ブナやケヤキの大木に自然環境保全地域の雰囲気が味わえる。

三国山は、静岡県の北東の隅にあるといった感じの山で、あまり知られていない。その名のとおり駿河・甲斐・相模の国境、現在の県境の山である。

三国山を中心として明神峠、大洞山を結ぶ稜線一帯は、ブナ、ミズナラ、カエデ等の樹齢の高い天然林に覆われている。静岡県側は静岡県自然環境保全条例に基づいて「明神峠自然環境保全地域」に指定され、その面積は413ヘクタールに及んでいる。昭和47年に制定された自然環境保全法に基づく保全地域であるが、静岡県が条例を制定し、指定したのは昭和50年となっている。この地域以外に県内では、京丸・岩岳山、函南原生林など6カ所が指定されている。

県条例によらず、法律に基づいて国が直接指定している原生自然環境保全地域も1カ所ある。これは、人の活動によって影響を受けることなく原生の状態を維持している地域であって、一切の人工的な影響を与えることは禁止される。この保全地域として「大井川源流部原生自然環境保全地域」があり、面積は1、115ヘクタールと広大である。全国的には縄文杉で有名な屋久島、ブナ林を抱える白神山地など6カ所が指定されている。

ここ「明神峠自然環境保全地域」の主峰・三国山には、小山町と山梨県

↑霧にけむるブナ林
←葉をむしり取ると悪臭を放つコクサギ

山中湖村の境にある籠坂峠から入り、アザミ平の草原とその東に連なる尾根歩きを楽しみながら東へ進み、三国山を経て三国峠あるいは明神峠へ出るのがよいが、下山口には公共交通機関が無いので留意を要する。

　三国山から北のコースをとると、県道小山～山中湖線の三国峠へ出るので、草原の向こうに山中湖を眺めながら、湖の東の端にある平野を経由して籠坂峠に戻ることができる。また、三国山からそのまま東進すると20分ほどで同じ県道に出るので、富士山や愛鷹山、箱根などのパノラマを楽しみながら小山町の上野へおりるのもよい。時間がなければ県道小山〜山中湖線が三国山塊を横断して神奈川県に入る「三国山分岐点」から登ると、自然環境保全地域の中心部を労せずして見ることができる。

明神峠に車を止めて、山梨の方へ向かって歩くと県道沿いには、植えて間もないスギの植林地がある。林業不振が叫ばれて久しいが、これから50年後、１００年後の伐採を夢見て、今なお植林が続けられている。今後数十年の間、下草や雑木の下刈り、ツルが絡めばツル切り、生長にしたがっての間伐、林内に日光を入れたり、節のない良質材を生産するための枝打ちなど、気の遠くなるような作業が待ち受けている。素晴らしい林になるように祈る気持ちだ。

明神峠から１・５㎞ほど県道を歩くと三国山分岐点に到達する。ここで県道と別れて山に入ると、すぐにブナやケヤキの大木が目に入ってくる。自然環境保全地域の雰囲気が充分に感じられる。送電鉄塔の下には、ヤマアジサイが咲き、葉をむしり取ると悪臭を放つコクサギが密生している。

ブナというと、今では森の王様扱いだ。実際、温帯林の代表樹種で、林地の保全、風景の維持上大切な働きをしており、それゆえ森の母、森の聖母、森の医者などと他の樹種にない素晴らしい称号で称えられる。

ブナはブナ科に属し大径木となり、他のブナ科の仲間と同じようにドングリがなるが、三角錐の型をしているので、それをソバグリとも呼んでいる。ブナはヨーロッパでも親しまれている木で、「ブナの生育する所、常に土地は美し」の言葉がある。英名ｂｅｅｃｈ(ブナ)は、ゲルマン語のｂｏｋｊｏｎ(ブナノキ)に由来するといわれ、ブナの皮や材に文字を刻んだので「書物」の意味にもなり、これがＢＯＯＫ(書物)の語源といわれている。森の母であり文化の母とも言える。搬出、乾燥、利用技術が未発達な時代はいわゆる雑木であっ

⬆三国山山頂

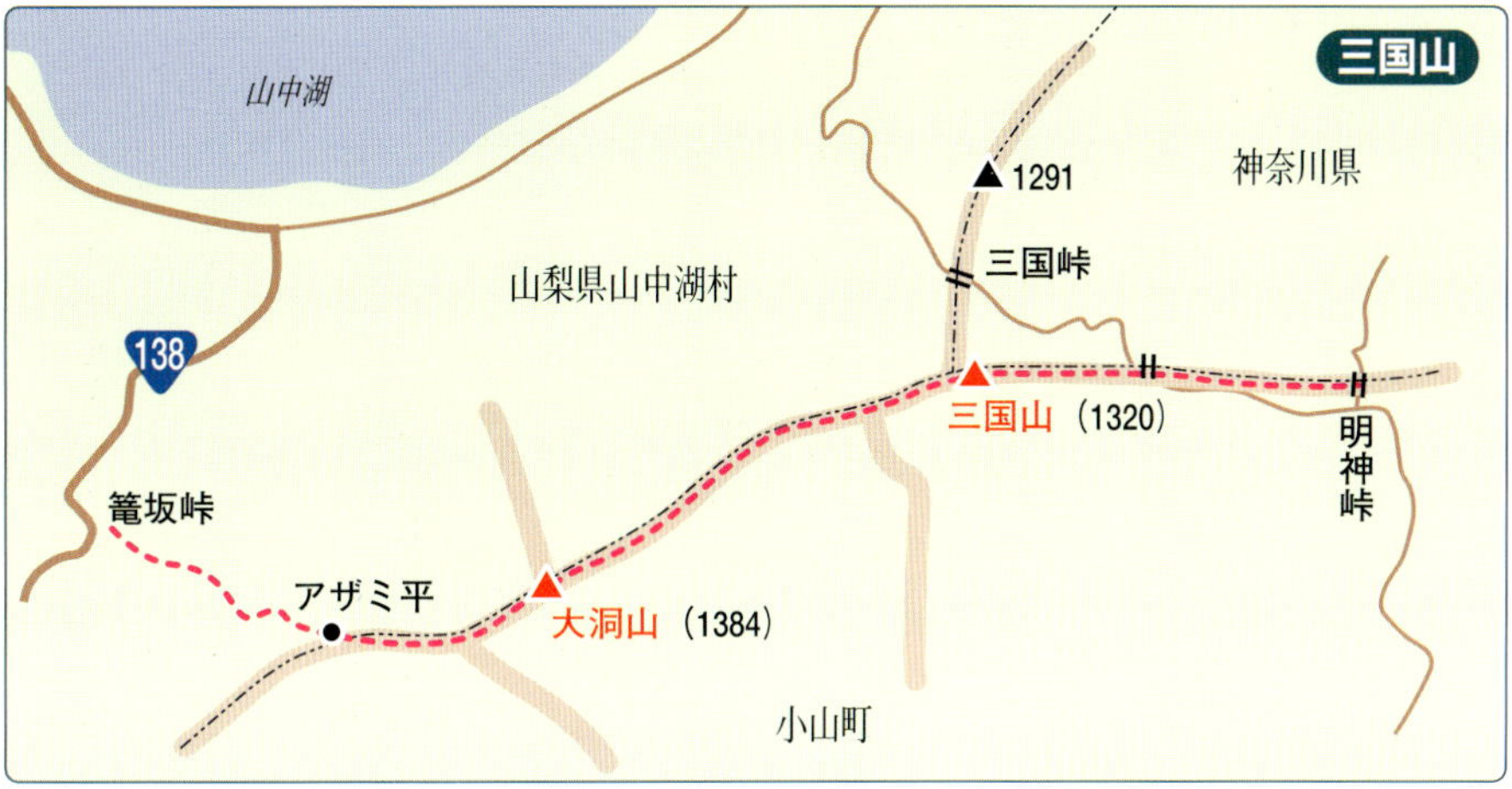

〈参考コースタイム〉
明神峠―30分―神奈川県境―40分―三国山―40分―大洞山―10分―アザミ平―30分―篭坂峠

⬆オオバギボウシ（開花６～７月）

たが、これらの技術が進歩した現在では、ブナの大径材は垂涎の的。しかし、森の母の伐採は、今はままならない。

山頂はブナ帯の見本のよう

霧の中を歩いていると、青バトが「オアオー・オアオー」と物悲しく寂

⬆オオバコ（開花4～9月）

しい声で鳴いている。大きさは、公園などにいて少々嫌われものにもなっているドバトと同じくらいだが、全身は緑がかっていて美しい。ドングリや木の芽を餌として生活するためか、ブナやナラの茂る原生林を生息域としているが、飲む水は「海水」という変わった生態を持っている。群れを組んで波の砕ける海岸の岩礁に舞い降り、命がけで水を飲むという。

一方では、ツグミの仲間のアカハラがお互いに縄張り争いをしているのか「キョロン・キョロン・チー」と、まるで掛け合いオペレッタを演じているかのよう。富士山麓は野鳥の天国だ。

野鳥のさえずりに耳を傾けながら、快い気分で足を運んでいると、左手にスギ・ヒノキの荒れた森林が、目に飛び込んでくる。幼齢林期に手入れを怠り、広葉樹が進入したのだ。スギ・ヒノキの人工林では、外材攻勢で採算が合わず、このようになるのも珍しくない。

山頂は広く、ブナ、オオイタヤメ

⬆フジアザミ（開花8～10月）

イゲツ、ヤマボウシ等が茂り、ブナ帯の見本のような林相を見せてくれる。ヤマボウシの白い花が散り始めている。でも、足元には人里の植物であるオオバコが芝生のように密生している。その秘密は？　オオバコの種子は濡れると粘液を出し、人や動物の足の裏に付いてどこまでも運ばれるからだ。

三国山からアザミ平の間は夏緑樹林で、アザミ平へ出て初めて草原となる。アザミ平では、秋になると紫紅色のまるで大きなボンボンを思わせるようなフジアザミが咲く。

フジアザミは、富士山を代表する植物で、崩壊地にいち早く飛んで来て、ゴボウのような直根を出して崩壊を防止してくれる。植生復活のパイオニアだ。また、草原には清楚で美しいカワラナデシコの花も咲いている。名前は「川原」だが、むしろ土手とか原野で多く見られる。またの名を「ヤマトナデシコ」といい、この言葉は日本女性の清楚《せいそ》な美しさを称える時にも用いられる。

ブナ帯の森林は、四季折々の植物の姿や景観を見せてくれるので、季節を問わず楽しい山旅ができる。

⬆草原に咲くカワラナデシコ（開花７～８月）

➡あまり見られなくなった植林地

金時山《きんときやま》

コイワザクラ、マメザクラ、マユミほか

［小山町、神奈川県（南足柄市、箱根町）／1213m］

フォッサマグナ、箱根外輪山の植物たち

金太郎ゆかりの山。乙女峠から長尾山を経て尾根づたいに山頂へ。初夏にはマメザクラ、サンショウバラ、コイワザクラなど珍しい花が楽しめる。晩秋には、マユミの橙赤色の実が山を彩る。

最近、童謡や文部省唱歌は歌われることが少なくなったが、「足柄山の金太郎　熊にまたがり……」の童謡で知られる金太郎ゆかりの山、金時山。金太郎、本名「坂田金時」は、平安後期の武士・源頼光の四天王の1人で、その童姿は強健と武勇の象徴として5月人形にもつくられ親しまれてきた。

金時山は、富士山の展望のよいことと、金時茶屋の金時娘で知られ、年間を通して登山客が絶えることがない。登山客の中には500回も登頂したとか、1週間に2～3回は登っているとかいう人もいるほどだ。

金時山は、静岡県側は駿東郡小山町、神奈川県側は南足柄市、箱根町の1市2町の県境にある。箱根山の寄生火山で、箱根外輪山の最高峰である。

静岡県側からのルートで

登山ルートは、幾つかあり神奈川県の箱根仙石原から登るのが一般的である。が、そこはやはり静岡県側から登ってみたい。

御殿場駅前から、バスで乙女峠バス停へ。マイカーなら数台駐車できるスペースがある。ヒノキ林の中にある丸太の階段の急な登りから始まる。いつものことだが、階段を刻んだ道は人それぞれピッチが異なるので、歩くのに苦労する。やがてジグザグのコースとなり登りきると乙女峠。乙女茶屋があり、トイレ、休憩施設もあるが、営業用なので無料で、とはいかない。

乙女峠は、三坂峠、西行坂とともに「富士見三峠」の一つに数えられ、ことのほか富士の眺めの素晴らしい所である。この日は、その雄大な富士は見えても霞がかかって、残念ながら写真にならなかった。

5月初旬というのに、もう南の国から夏鳥が渡ってきている。遠くから筒をたたくようなツツドリの鳴き声。近くでは、コマドリがヒンカラカラ……と馬のいななきのよう

⬆マメザクラ(開花５月)

➡マメザクラの花

なさえずり。コマドリは、頭から背、翼の上面は赤褐色、胸から下面は灰色で姿は地味な鳥だが、鳴き声は印象的で、ウグイス、オオルリとともに三名鳥のひとつに数えられている。

乙女茶屋の周辺には、ハナイカダ、ミツバアケビ、フタリシズカ、マメザクラ等が見られる。楽しみにしていたサンショウバラは、5月下旬から6月早々の開花とか。

乙女峠から直進すると、箱根仙石原へ下り、外輪山を右手に進めば丸岳を経て長尾峠へ通じる。金時山は左手のコースをとり30分も登るとだだっ広い山頂の長尾山に着く。途中では、クサボケ、マユミ等の花が見られる。

マユミ、人の名前のようだがニシキギ科の落葉中木。材が粘り強く、弓を作ったから、というのが和名の由来である。花は、緑色を帯びた地味な花だが、果実は4稜があり、熟すると美しい淡紅色となる。晩秋、4つに割れて橙赤色の種子が現れる。その果実の様が面白く、色も美しいので庭木や盆栽に利用されるが、雌雄異種で実を結ぶのは雌株の方である。

クサボケは頭にクサがついているが、れっきとした木本で、これは木の丈が草のように低いことによる。草に押されて窮屈そうに咲いているが、芽吹きの遅い枯れ草の中で緋赤色の花は燦然《さんぜん》と輝く。夏には、青い果実をつけ、酸味が強いが果実酒に

↑マユミの花（開花5月）　↓マユミの実（結実10～11月）

するると、滋養強壮や疲労回復の効があるといわれる。

富士山麓から、箱根山系、天城山系に分布するマメザクラはフジザクラとも呼ばれ、4月下旬から5月下旬に箱根一帯を彩る。高さは5～6m、花も小さい。マメザクラと呼ばれるゆえんである。静岡の地質で、糸魚川―静岡構造線というのがあるが、

⬆ミツバアケビ（開花５月）

〈参考コースタイム〉

乙女峠バス停―35分―乙女峠―25分―長尾山―1時間―金時山―20分―金時神社分岐点―1時間―金時神社入口バス停

その東側の富士山や箱根山、伊豆半島などをフォッサマグナ（大きな割れ目の意味）地域と呼び、マメザクラはサンショウバラ、フジアザミとともに、この地域特有の植物である。その他に、アシタカツヅジ、ハコネウツギ、フジハタザオ等が挙げられる。

長尾山から先は、尾根もやせ尾根となり、静岡県側は、景観もブナを主体にした素晴らしい夏緑林を見せてくれる。ブナの他には、ヤマボウシ、ヒメシャラ、オオイタヤメイゲツ等が見られる。静岡県植物誌では、ヒメシャガも確認されているが、時期が早すぎたのが、山野草として盗掘されて絶滅したのか見出すことができなかった。しかし、金時山から姿を消したのではないかと危惧していたコイワザクラの可憐な花を見つけて安堵《あんど》した。

登山道の静岡県側は、尾根の北斜面なので適当な湿度もあり、豊かな林相となっているが、南側（神奈川県）は、急斜面で山頂付近は風当たりも強く風衝地となっている。ウラハグサ、ウスユキソウ、トウゴクミツバツツジなどが見られる。山頂直下では、アキグミの古木もあり、潮風の吹き抜ける海岸線から、この1000m以上の山地まで生育する生命力に驚く。

⬆クサボケ（開花4～5月）

立ち寄りたい金時茶屋

長尾山から金時山の山頂までは約1時間。山頂は相変わらずのにぎわいである。山頂から北側に雄大な富士山。眼下に仙石原や芦ノ湖を望み、眼前に箱根駒ヶ岳、湯煙噴く大涌谷が開ける。この絶景を堪能するために年間30万人の登山客が訪れるというのもうなずける。

金時山は、山の形から昔は猪鼻岳と呼ばれていたが、江戸時代後期から現在のような呼び名になったらしい。登ってみると荒々しい岩峰である。山の名物は、やはり金時茶屋の女主人・金時娘の小宮山妙子さん。14歳の時から茶屋を手伝って50年余、今では立派な経営者であり、年を重ねた現在も金時娘と呼ばれ、親しまれている。茶屋の中には、登山者の記念の記帳がびっしりと並び、〇〇

↑ブナの林

←コイワザクラ（開花5月）

回登頂記念の文字も誇らしげだ。小宮山さんと登山客の言葉のやり取りの中で、「食券を出すようになったの？」「そう！、黙って食べて行っちゃう人もいて困るのよ。だから……ね」

下山は、神奈川県側の金時神社経由をとり、箱根の湿生花園まで足を伸ばし、山では見ることができなかった高山植物や湿地の植物を楽しむのもよい。

沼津アルプス

香貫山《かぬきやま》・徳倉山《とくらやま》・鷲頭山《わしずやま》・大平山《おおひらやま》

カラスウリ、サネカズラ、ホウノキほか

［沼津市／193m・256m・392m・356m］

低山ハイクの代表コース。海岸線、山地の植物

駿河湾越しに愛鷹山塊、富士、南アルプスを望む展望。ツグミ、ムクドリの声を聴きながら進む。白い大輪の花をつけるホウノキや、新芽がおいしいハリギリの大木も。

西の湖西連峰に対して東の沼津アルプス、対象的でいい名前だ。昭和の時代には「沼津アルプス」とは呼ばれていなかったように記憶しているが、平成になって沼津市の山岳会によるネーミングではなかったかと思う。近年、山岳雑誌に「沼津アルプス」として紹介されて以来一躍有名になり、地元の静岡県だけでなく関東圏からの登山者も増えている。

沼津アルプスは、北は沼津市のシンボルとして市民に親しまれている香貫山から駿河湾に沿って南下し、鷲頭山から東に折れて大平山へと連なる山塊をいう。決して高い山並みではないが、沼津の海岸線を眼下に見ると相当の高度感がある。北に愛鷹山塊と富士山、南アルプス、北東に箱根の山並み、西に駿河湾を望むと沼津アルプスの名もオーバーではない。また、ピークを上がったり下がったりの尾根道は、至る所にロープが設置してあり里山ながらその急峻さに驚く。

沼津アルプス縦走の起点・香陵台は、まだ都市公園の装いである。五重塔のある境内には、赤い実のピラカンサがあり、メジロの群れがアクロバットよろしく思い思いの体勢で、その実をついばんでいる。

メジロ、その名のとおり目の周囲を白色のリングが囲む。冬になると市街地の公園や住宅の庭へ飛来し、餌をあさる馴染みの小鳥である。昆虫の少ない冬場には、大の甘党となり頭の先まで花粉でお化粧しながら、ツバキ、サザンカ、ウメ等の蜜を実にうまく吸う。冬の香陵台の周辺は餌が豊富なのか、ツグミ、ムクドリの群れもたくさん見ることができる。

香陵台から30分で香貫山

香陵台から香貫山へは、いろいろなコースがあり、のんびり歩いて30分。香貫山頂は標高わずか193mながら展望は素晴らしい。

つい最近まではクロマツに覆われていたが、マツクイムシ防除の反対

→ホウノキ（開花5〜6月）

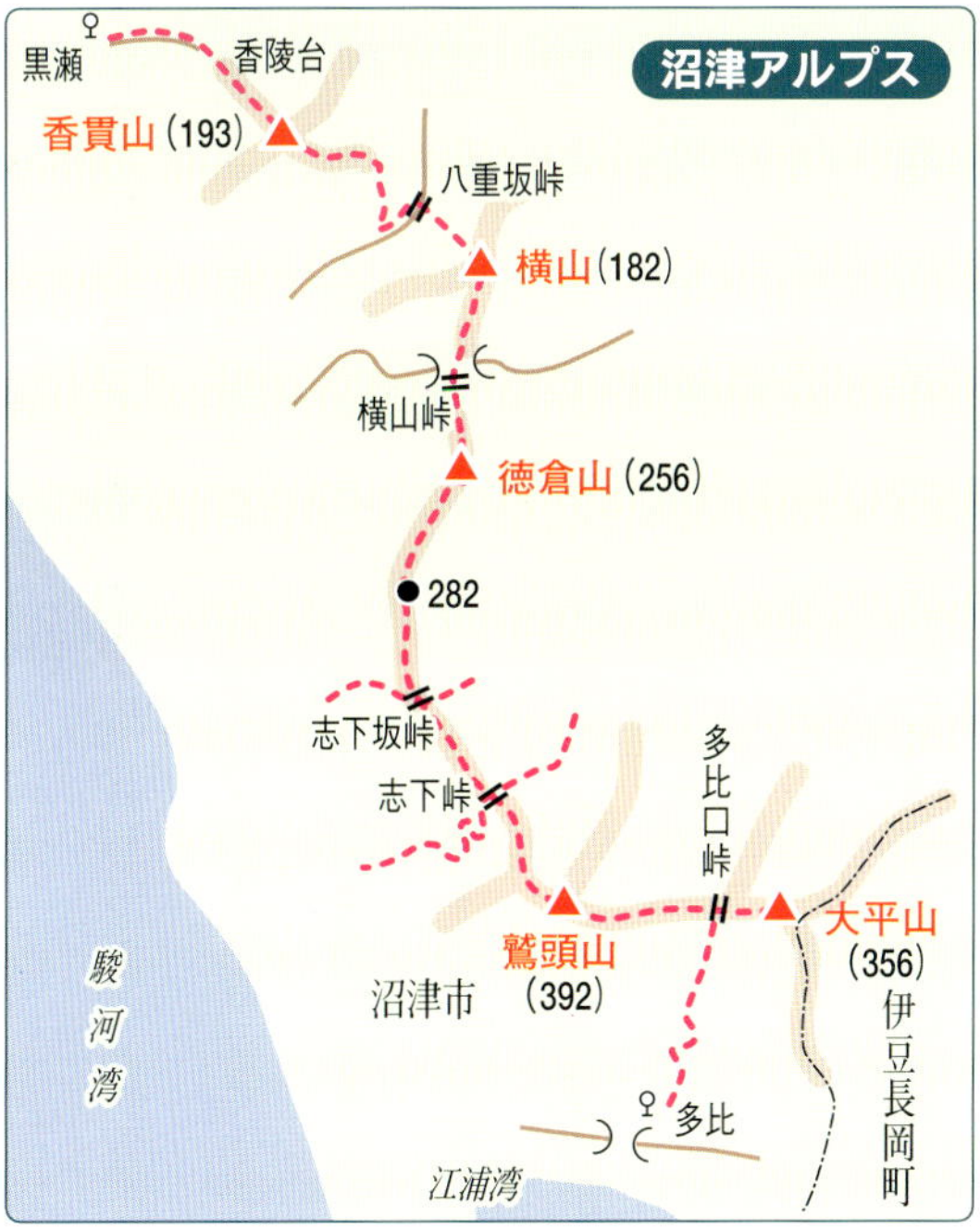

〈参考コースタイム〉
黒瀬バス停―20分―香陵台（五重塔）―30分―香貫山―30分―八重坂峠―30分―横山―20分―横山峠―30分―徳倉山―30分―志下坂峠―10分―志下山―10分―馬込峠―10分―志下峠―30分―鷲頭山―40分―多比口峠―30分―多比バス停

⬆千金岩の眺望

運動にあい、農薬の散布を中止した結果、数年でクロマツの姿が消えてしまった。マツクイムシといっても、マツを直接枯らすのは、肉眼では見ることのできない「マツノザイセンチュウ」で、その運び屋が「マツノマダラカミキリ」。農薬散布は、カミキリを防除するため成虫が飛び交う6～7月ごろに行う。今では、クロマツに代わって他の常緑広葉樹が繁茂している。

⬆連なる沼津アルプスと富士山(葛城山山頂から撮影)

また、ハイキングコース沿線は、薮が刈り払われて樹名板もついているので、自然観察を行うには都合がよい。

都市公園的な香貫山を後に南に向かって下ると八重団地に出る。車の往来の激しい県道を、数分清水町側へ歩いて再び登山コースに入る。朱赤に染まったカラスウリを見ながら歩くと、程なく横山(182m)に着く。

カラスウリの中には、光沢のあるカマキリの頭のような型をした種子が入っている。よく見ると結び文のように見えるので、「玉章《たまずさ》」の別名を持っている。また、黒い種子は打ち出の小槌のようにも見え、これを大黒様と呼び財布に入れておくとお金が増えるという言い伝えもある。花は、真夏の夜に咲き朝には萎むので、人目に付きにくいが、白色五弁で花弁の縁は繊細なレースの糸を思わせるかのようで神秘的でさえある。

徳倉山から眺める〝絶景〟

横山から笹に覆われたコースを歩くとトンネルの上の横山峠に出る。

そこから、ロープ伝いに急登すると広く開けた標高256mの徳倉山だ。象の姿にも似ているので「象山」の別名でも親しまれている。駿河湾越しに、愛鷹山の向こうに秀峰・富士、左手彼方に遥かな南アルプスの山々。眼下に輝く海。まさに「絶景かな！」である。

徳倉山から急坂を下り、象の首峠、千金岩、志下坂峠、志下山（214m）、馬込峠と、のどかな尾根道を歩く。時折、エンジン音を響かせて漁船が行き交う駿河湾の景色を堪能し

⬆樹皮が面白いカゴノキ

➡カラスウリ（開花7～8月、結実11～12月）

ながら歩くこと約1時間、沼津アルプスの最高峰・鷲頭山直下の志下峠に到達する。

その間は、ススキ原あり、広葉樹林あり、中には、すぐ海岸線というのに落葉樹林帯のホウノキやハリギリの大木も見られる。

ホウノキはモクレン科の仲間で、その葉は岐阜県地方で朴葉味噌に利用されて有名だが花は5～6月頃に乳白色で芳香のある大輪を開く。材は版木やまな板に利用される。

ハリギリは、全体は桐に似ているが幹や枝には刺があるのでこの名がつけられた。別名「セン」の名で知られている。材は合板や家具のほか、膳・盆・下駄などに利用され、良質有用な広葉樹である。新芽はタラの芽に優るとも劣らぬ山菜であることは意外と知られていない。

林縁には、同じモクレン科の常緑のツル性植物・サネカズラ(別名ビナンカズラ)も見られる。漢字では美男葛と書き、枝に含まれる粘液を武士が水で薄めて整髪に使ったことによるらしい。さしずめ今日の整髪料の元祖というところか。

←サネカズラ(結実11～12月)

←ハリギリ

志下峠から中将さんへ寄り道

志下峠から少し寄り道すると、平清盛の五男・中将平重衡が隠れ住んでいたといわれる洞窟がある。岩肌はイワヒバで覆われ、浜の人はこの洞窟を「中将さん」といって霊を慰めるために祭ってきたという。

志下峠に戻って、沼津アルプス最大の急坂をロープ伝いに10分程登るが海岸側はウバメガシ、反対側は鬱蒼と繁った常緑広葉樹林。小鷲頭から鷲頭山はもうすぐだ。

山頂手前は、突然ヤブニッケイ、シロダモ、ヤブツバキの暗いトンネルとなり、それを抜けたところが明るい草原の山頂だ。鷲頭神社奥の院の祠が祭ってある。香貫山に始まったピーク毎の眺めは、ここで南アルプス連山の北端に日本第二の高峰・北岳が仲間入りして一段とグレードアップする。

鷲頭山からの雄大な展望を楽しんだら南へと下る。ここからはウバメガシの純林。多比口峠につくと沼津アルプスも終わりに近い。大平山をピストンして江の浦湾の多比バス停に下る。

⬆中将さん

⬅鷲頭神社奥の院

越前岳《えちぜんだけ》

アシタカツツジ、ギボウシ、サンショウバラほか

［富士市、裾野市／1504m］

愛鷹山塊特有のアシタカツツジの群落

5月下旬から深いピンクの花色が山を染める。夏にはマツムシソウ、ワレモコウが草原を彩る。中腹ではサンショウバラやタンナサワフタギ、ヤブデマリの美しい植物に出合う。

JR東海道線を静岡から東京へ向かう時、富士駅と三島駅との間で、手前の山に邪魔されて束の間、富士山が見えなくなる。その富士山の前に陣取っているのが愛鷹《あしたか》山塊で、最高峰が越前岳である。国土地理院の地形図では山塊全体を愛鷹山と呼んでいるが、三角点を持つ固有名詞の愛鷹山もあるのでややこしい。

愛鷹山といえば、この山塊特有のアシタカツツジが有名だ。愛鷹山、十《じゅう》里《り》木《ぎ》一帯、天子岳一帯のみに見られる落葉性の低木。開花時期は、5月上旬から6月上旬である。ヤマツツジに似ているが、より小型で色はヤマツツジの赤橙色に対して紫色を帯びたピンク色で美しい。

愛鷹山塊でも特に越前岳の南斜面に多いが、十里木高原別荘地の西側の山林に広がる群落は、地元所有者である財団法人須山振興会の手によって下刈り等の管理が行われ、裾野市の天然記念物にも指定されている。山頂近くの林の中に点在する花も趣があってよいが、人の手によって管理され山全体をピンク色に染めて見せてくれるのも華やかで一見の価値はある。群落を見るとなれば、登山前より後のほうがよさそうだ。

越前岳への登山口は、東側は裾野市須山、北側が同じく裾野市の十里木、西側は富士市勢子辻《せこつじ》の3ルートがある。いずれもバスの本数が極端に少ないので、事前に調べておくことが必要。これらのコースのうち、富士を眺めながらさほど体力を要しないのが、北側の十里木ルートである。

登山口は、十里木高原にある。数十台収容の駐車場があり、清潔なトイレ完備で快適な登山ができる。

登山口一帯は、散策路になっていて越前岳へは、その散策路から見上

⬆アシタカツツジ（開花５～６月）

⬆アシタカツツジ

げるところに建っている無線中継塔を目指して登り始める。一面に広がる草原の中には、クサレダマ、ヤマブキショウマ、ウツボグサなどが咲いているが、秋の草原のような華やかさはない。

クサレダマとは随分ひどい名前に聞こえるが、漢字で書くと「草連玉」。これは、花が地中海沿岸原産のマメ科・木本のレダマに似ているけれど

←ヤマブキショウマ（開花7～8月）

←ウツボグサ（開花6～7月）

←タンナサワフタギ（開花5～6月）

←ドクウツギ（開花3～4月）

も草本であるためにつけられた名前である。ウツボグサはシソ科の植物で日の当たる路傍や草地に生育し、株元から石垣イチゴのように走出枝を出して、小さな群落を形成する。和名は、花序が弓矢を入れる靫《うつぼ》の形に似ていることによる。

夏になると、草むらの中からオオバギボウシが花茎を伸ばし、薄紫色の花をつける。つぼみが擬宝珠《ぎぼうし》（欄干の柱頭などにつける宝珠の飾り）に似ていることから名付けられたが、観賞用に庭に植えられ園芸品種も多い。

夏も終わり近くなると、アザミの仲間やマツムシソウ、ワレモコウが草原を彩る。ワレモコウは暗紅紫色の花を開くが、花弁も無く花というよりマッカサを超小型にしたようなもので、秋の野草として生け花にも使われる馴染みの多年草である。

富士山を背後にしながら20分も登

⬆マツムシソウ(開花８～９月)

⬆クサレダマ、名前はひどいが美しい(開花７月)

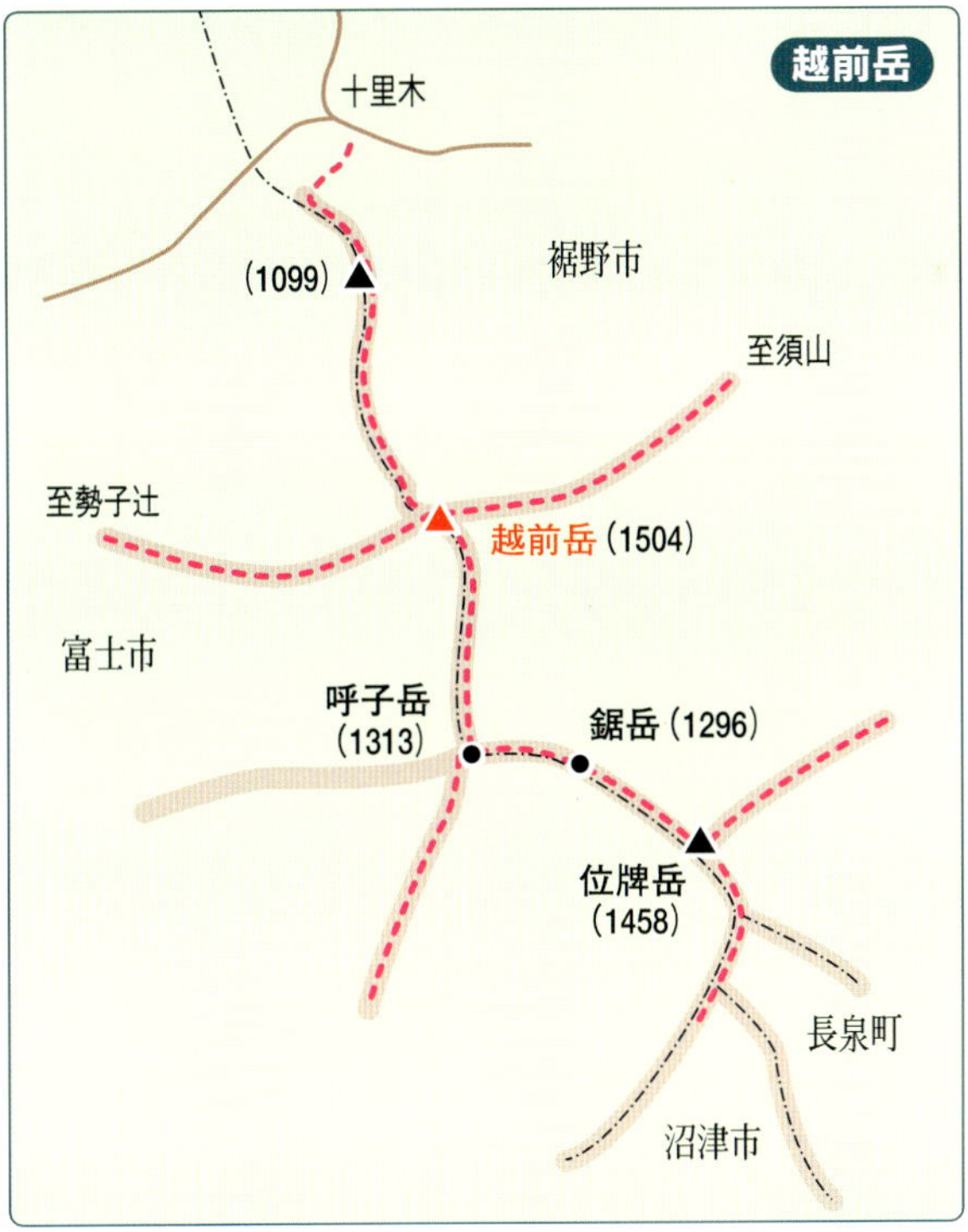

〈参考コースタイム〉
十里木高原―20分―無線中継塔―1時間40分―越前岳山頂―1時間30分―十里木高原

ると、電波中継塔があり、恰好の休憩所である。振り返ると富士がすぐ眼前に高く迫り、下方に「子供の国」が見える。富士の裾野の向こうに南アルプスの遠景。

富士山麓に広がる裾野は、スギ、ヒノキに覆われているが、かつては広々とした原野であった。

昔は、牛馬の飼料、堆肥の原料、萱葺き屋根の材料等、全てを原野に求めていた。農耕地を維持するのに、その10倍の採草地が必要であったとの研究成果がある。逆にいうと原野の面積に農耕地面積が左右されたということになる。

戦後、農耕用牛馬は耕運機に、堆肥は化学肥料に、萱葺き屋根は瓦へと変わり、原野はすっかり存在価値が薄れてしまった。そこへ戦後復興のために大量の木材需要。国を上げての造林事業に取り組み、静岡県でも「富士山麓林業開発事業」と銘打って昭和31年から34年に、不要となった原野を中心に6、100ヘクタールもの人工造林を行った。戦後の貧しさの中で、よくこれだけのことができたと思う。

その結果が、富士山麓の現在の姿だが、実態を知らない人は、林業不振から管理放棄されたスギ・ヒノキの人工林を罪悪視し、貴重なブナ林を伐採して植林したなれの果てだという。

⬆上は越前岳山頂。下は山頂から鋸岳方面を望む

樹林帯の急登を経て山頂へ

一休みした後に、山頂に進むと草原から灌木帯に変わる。まず最初に目にするのが薄いピンク色のサンショウバラの花。白色の花もある。サンショウのような葉をしてバラに似た花が咲く。フォッサマグナ地域特有の植物で富士山麓を中心に静岡、山梨、神奈川県だけに分布している特異な植物である。

白い雪を被ったようなタンナサワフタギの花も咲いている。中心の小さい花を囲むように装飾花を付けたヤブデマリもある。装飾花とは、雄しべ、雌しべ共に退化して機能せず、花弁が大きく発達して目立つ花のことで、昆虫を花へ誘う役をすると考えられている。

沢状になった小さな崩落地には、見るからに毒々しい赤い実をつけたドクウツギがある。4月ごろ咲いた花が6月には結実し、赤い実はやがて暗紫色に変わるが、その名の通り全体が有毒である。

やがて登山道は、樹林帯の急登となる。ガレ場を右に見て、少し登ると勢子辻からの道と合流し、緩やかな登りとなると越前山頂は近い。

二等三角点の設置されている山頂には、以前は多くのブナがあったが、原因究明に至らぬまま、ほとんど姿を消していった。代わりに、南から西方面の展望は素晴らしいものとなった。

⬆サンショウバラ（開花６月）

⬆ヤブデマリ（開花５月）

越前岳一帯は、県指定の『愛鷹山自然環境保全地域』の区域内にあり、アシタカツツジ、ハコネコメツツジをはじめ、ブナ、ミズナラ、ヒメシャラ、カエデ等の茂る天然林など素晴らしい自然に恵まれている。

ベンチに腰を下ろすと、目の前でヒガラが人懐っこく可愛い仕種で動き回っている。ヒガラは、シジュウカラの仲間でキクイタダキやミソサザイと共に、小型野鳥の代表格で体長は11㎝くらいしかない。山旅には、このような楽しみもある。

帰りは、登ってきた道を戻ってもよいし、須山、勢子辻へ下りてもよい。更に健脚で山を知っている人ならば、呼子岳《よびこだけ》、鋸岳《のこぎりだけ》、位牌岳《いはいだけ》、愛鷹山へと縦走するのもよい。その際は、十分な事前調査と装備が必要となる。

毛無山《けなしやま》

ヤマオダマキ、シモツケ、テガタチドリほか

毛無山は、富士宮市朝霧高原の西側にそびえ山梨県下部町と行政界を接している。山頂からの四季折々の富士山の眺めが素晴らしいことで知られている。

登山口の麓部落《ふもと》までは、富士宮駅からバスを利用して、朝霧グリーンパーク入り口で下車して歩くか、自家用車を麓まで走らせるかどちらかとなる。自家用車も、時間の余裕や歩くことを厭わなければ、グリーンパーク入り口から登山口までの間に無料の駐車場もあるが、「行き止まりまで車に乗って行く」と、少々高めの駐車料金を出して駐車させてもらうことになる。

［富士宮市、山梨県下部町／１９４６ｍ］

亜高山帯のお花畑。コルリの声に疲れも消える

第二地蔵峠から山頂へ。途中ダケカンバ、ナナカマド、ミツバツツジなどの樹木が茂る。夏、シモツケやミズチドリ、テガタチドリのお花畑が出迎える。下山では不動の滝を見落とさないように。

朝霧高原一帯は牧歌的で、雄大な富士の懐にスッポリ包まれた、心安らぐ場所である。昆虫愛好家の仲間には、草原特有の植物や、それを餌とする蝶の見られることで知られている。高度成長期にこの一帯の森林・原野は、かなり開発が進められた。バブルがはじけた途端、開発は休止しているものの、今度は雑種地としての原野の保有税に耐えられないのか、スギやヒノキを植林して森林への転換が進められているようだ。「富士の巻き狩り」で知られる朝霧高原は、「高原」でこそ値打ちがあり、これが、スギ、ヒノキの一斉林になっては、現在の生態系への影響ばかりでなく、昔の勇壮な巻き狩りを思い起こさせる、富士の景観は無くなってしまう。そのような危惧も抱きながら、登山口の麓まで車を走らせる。

麓は、武田信玄が「金」を掘った所と伝えられている。部落の前を通って行き止まりの有料駐車場が登山道の入り口となっている。治山工事で造られている広い道を進み、右手にある神社に無事を祈ってスタート。神社前のスギ・ヒノキの中の林道沿いには、庭の縁取りやグランドカバーとして利用されるジャノヒゲが淡紫色の花をひっそりと咲かせ、風に揺れている。空の透けた明るい場所では、釣り鐘形をしたヤマホタ

ルブクロがあちこちに咲いている。ホタルブクロは、開花時期が梅雨期であることから、〝雨降り花〟、花の形から〝提灯花《ちょうちんはな》〟等の地方名を持っている。名前の由来は「花の中にホタルを入れて遊んだから」という説と提灯のことを「火垂《ほたる》」という地方があることに基づく説とがあって面白い。

林道と別れて、しばらくすると砂防ダムがあり、それを巻いてヒノキ林の中を少し登ると、毛無山直登コースと地蔵峠コースの分岐点に出る。

目印に注意し地蔵峠ルートへ

ここから一般的には、毛無山直登

↑ヤマホタルブクロ（開花6～7月）

〈参考コースタイム〉
麓登山口―15分―分岐点―1時間40分―地蔵峠―1時間―毛無山―1時間30分―不動の滝展望台―20分―分岐点―10分―麓登山口

ルートをとるが、今回は、管理がよくないと聞いていた地蔵峠ルートをとってみた。金山沢を右岸へ行ったり、左岸へ行ったりしながら上流へ進む。なかなか美しい渓谷だが、歩く人が少ないのか、あまり整備されていない。沢を渡った途端にルートを見失うこともある。目印に、ビニール紐が結んであったり、空き缶が置いてあるので見落とさないように歩く。

登山当日は、ルートを覆った草が刈り払われたばかりで、奉仕作業の方に心の中で感謝しながら地蔵峠を目指す。

沢を何度か渡った後、最後は水の無くなった沢のどん詰まりをロープ伝いに登る。藪からは、コマドリとよく間違われるコルリの鳴き声が聞こえてくる。姿は、コマドリとは全く異なるので、すぐわかるが、鳴き声は実によく似ている。よく耳を澄ますと、カララ・・・・の前にチッチッチッと段々早くなる前奏を付けるので両者の違いがわかる。

汗を拭こうと立ち止まった所が、小さな地蔵を祭ってある地蔵峠であった。姿もはっきりしないほど風化した地蔵尊の脇に不釣り合いな境界測量の測点見出票が置かれていた。

地蔵峠から南のコースをとると尾根は長者ケ岳方面へ続いているが、ヤブこぎで容易ではなさそうだ。毛無山は北の方へ進む。ほんの数分歩くと、もう一つの地蔵峠があった。静岡新聞社発行の『静岡の山50選』には第二地蔵峠とある。こちらの方が広くて休むのには都合がよい。峠に腰を下ろすと、山梨県側は、カラマツの新緑が鮮やかで美しい。その下を下部温泉へ下るルートが付いている。カラマツは、落葉松と書き、冬には落葉する。スギやヒノキを見慣れた静岡の人にとっては、落葉するカラマツ林を自然林と思う人が多いが、これも、れっきとした人工林である。標高が高かったり、寒さが厳しかったりでスギ・ヒノキの育たない長野県や山梨県からは、スギ・ヒノキの育つ静岡県は羨ましがられたものだ。しかし、今ではどこの林業地帯も、安い木材価格と山林労働者不足で事態は深刻になっている。

第二地蔵峠から、林は亜高山帯の様相を表してくる。ダケカンバ、ナナカマド、ツガ等が茂っている。標高はまだ2000m以下で、樹木の生長も素直だ。オオイタヤメイゲツやミズナラもある。ミツバツツジ類、サラサドウダンの大群落もあるが、

⬆ヤマオダマキ（開花６～７月）
↖テガタチドリ（開花７～８月）

⬆シモツケ（開花６～７月）

ニシキウツギ（開花５～６月）➡

登ったのは7月下旬。ここでは、ミツバツツジを紹介すべきであるが、花期はとっくに終わっていた。

他方、岩場のような日当たりのよい所では、赤紫色のシモツケが暖かい感じで迎えてくれる。発見地・下《しも》野《つけ》(栃木県の旧名)に、ちなんだ名前だが、これに対して草本のシモツケソウも同じころ似た花を開く。いずれも花が美しいことから庭に植栽される。

少し、湿気のある林縁では、変わった形のミヤマオダマキが、至る所に咲いている。苧環《おだまき》とは、紡いだ麻糸を中が空洞になるように円く巻いた糸繰りのことで、花の形をそれに例えている。園芸品種のオダマキは馴染みの花で、古くから庭に植えられ、初夏に青紫色や白色の花で目を楽しませてくれる。

山頂は見事な花の群落

いよいよ山頂だ。小さなお花畑には、道中に咲いていたオダマキに加

↑ミズチドリ(開花7～8月)

↑地蔵峠

⬆毛無山頂

⬆不動の滝

えて、テガタチドリ、ミズチドリのラン科の美しい花が見ごろであった。テガタチドリは、南アルプスでは普通にみることができるが、この辺りでは珍しい存在だ。確認のしようもないが、和名の由来は、根系が手形状をしており、花がチドリを思わせることによる。アヤメも咲いていたが花は終わりに近かった。お花畑を守るかのようにニシキウツギが株をなし、クリーム色の花を咲かせていた。

山歩きでは、いつも山頂に着くとまず三角点を確認するが、ここでは何よりも花に見とれて後回しになった。毛無山の三角点は、一等三角点で標高は１９４５ｍ。ここが最高地点かと思いきや、地形図をよーく確認すると、少し東に行った所に、もう1本等高線の入った山がある。この山が、大見岳といって、三角点はないが標高は１９５９ｍで毛無山より少し高いことになる。

山頂から少し戻って、不動の滝展望台経由で下山する。急傾斜続きの上、大きな岩も多く膝を痛めやすいので、慌てず急がず、ゆっくり下山する。時間を競うように登ったり下ったりしていると、このコースのハイライト、展望台からの絶景「不動の滝」を見落として下山することになりかねない。

高《たか》ドッキョウ
リョウブ、ドウダンツツジほか

［清水市、山梨県（富沢町）／1、134m］

天を突くコウヤマキ（天然記念物）の不思議

カエデ、オオズミ、ブナ、リョウブが続く登山路を行く。ヤマグルマ、ベニドウダン、イワカガミが群生する。振り返れば、紅葉の額縁の中に清楚な富士山。

清水市の水がめ・興津川は、中流の高瀬で大きく中河内川と別れている。本流の興津川沿いの県道を上流の西里辺りまで行くと、右手前方にひときわ険しい高ドッキョウの山塊が見える。

高ドッキョウに登るには、興津川源流部にある徳間峠の登山口と、中河内川源流部にある樽峠を登山口とする二つの方法が一般的である。いずれも、バスを下車してから1時間ほど歩く。バスの本数も少ないために時間に余裕がないと自家用車に頼らざるを得ない。グループで登山する場合には、二台の車に分乗して両方の登山口から登り、お互いが出合った所で、車のキーを交換すれば下山口を変える事ができるので好都合である。駐車の際にはくれぐれも他車や農家の人たちの迷惑にならないように。

樽峠は、中河内川沿いの自動車道を遡って樽の集落を過ぎる。程なく車道は行き止まりとなる。終点に乗馬クラブの跡があるが、登山口は、その少し手前の左手を下る。車は路側に沿って駐車する。

樽峠までは、単調なルートで1時間ほどの道程である。峠には、石仏が安置してあり古くからの生活道路であったことがしのばれるが、甲州の武田信玄が駿河侵略のために造った道だともいわれている。峠に立って右手に進めば平治の段、山梨県側に下れば林業の町・富沢町、そして左手に進めば目指す高ドッキョウである。

樽峠付近は、防火線として管理されているのか、緩やかな勾配の県境の尾根は、かなり広い幅で切り開かれている。防火線とは、広い森林地帯で火災が発生すると消火の手立てがない。そのため木を植栽することなく、広い幅を刈り払い延焼を防止しようとするものである。箱根山麓のように一斉造林地でよく設けられていた。

その防火線と思われる所を歩くと、

⬆ドウダンツツジの紅葉(開花 4 月、紅葉 11 月)

カエデ、オオズミ、ブナ、リョウブ等が適当な間隔で残してある。春はズミの花が咲き、夏にリョウブの白い花が開く。リョウブは、幹がサルスベリのようにツルツルした上に大きな斑《まだら》模様が美しい。食料難の時代には、その若葉が「リョウブめし」として利用された。秋には登山道沿いに、キクの仲間やリンドウの花が咲き競う。

尾根にイワカガミの群生

しばらくは緩やかな尾根道が続き、静岡県側はスギ・ヒノキの植林地、山梨県側は広葉樹林である。山梨県側に一部植林地も出現する。やがて急峻な地形となり、広葉樹林が広がる。悪場にはロープもはってある。地形の悪いところに好んで生えるヤマグルマが多く見られるほか、ツガ等も分布して標高が高くなったことがわかる。やせ尾根のコース沿いにはベニドウダンのほかヤマイワカガミが群生している。5月ごろ、ベニドウダンは鐘状の赤い花、イワカガミは光沢のある葉陰から花柄を伸ばして先端が細く裂けたような白い花弁の花を咲かせて、登山者の目を楽しませてくれるはずだ。

時折、歩いてきた道を振り返ると、いつもと変わらぬ清楚な美しい富士山が紅葉の額縁の中に納まっている。

樽峠登山口から約1時間30分で高

⬆ヤマイワカガミ（開花4～5月）

➡リョウブの花（開花7〜8月）

ドッキョウに到着。国土地理院の地形図には三角点があるが「高ドッキョウ」とは記されていない。昔、行者の山頂で唱える読経の声が麓まで聞こえてきたから、それが訛って山の名前になったという説。また、ドッキョウとは尖峰を意味する方言から出たともいわれるが、はっきりしない。仮名混じりの随分変わった珍しい名前の山である。

　山頂の周囲は広葉樹に囲まれて展望は期待できないが、富士山の方角だけは切り開かれている。ここも山梨県境の山、御多分に洩れず「山梨百名山」の標柱が設置してある。山梨県では、県民からの投票で百名山を選び標柱を用意した。それをボランティア・グループが自ら希望する

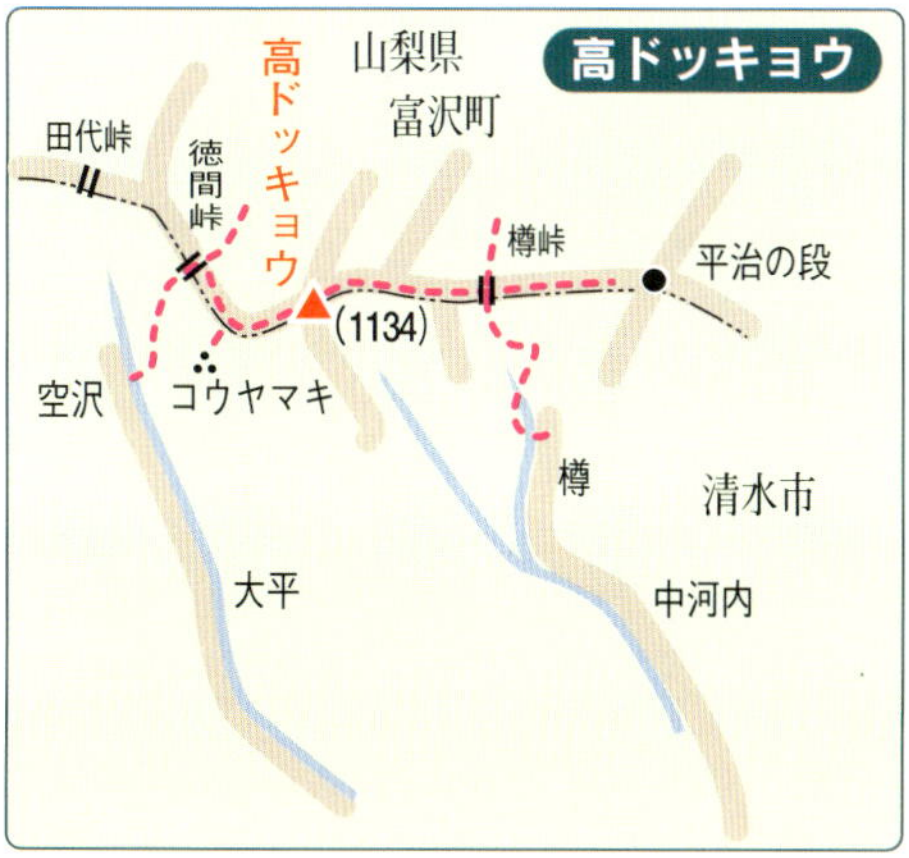

〈参考コースタイム〉

楢峠入り口（車道終点）—１時間—楢峠—１時間40分—高ドッキョウ—30分—コウヤマキ分岐点—10分—コウヤマキ—15分—コウヤマキ分岐点—30分—徳間峠—40分—空沢（車道）—大平へ

山を選んで標柱を担ぎ上げ設置したものだという。人気のある山は、希望者が多く抽選で決めたと山梨県の山仲間から聞いた。面白い方法だと思う。二番煎じでもよいから静岡県でも実施して、県民の山への愛着や自然保護の精神を培ってほしい。

　山頂から徳間峠へ向かって30分ほど歩くと高野マキへの分岐点がある。そこから約10分下ると避雷針に守られた静岡県指定の天然記念物・コウヤマキがある。根周り8・5m、目通り周囲5・5m、樹高15mと説明板にある。半分以上は落雷により枯死しているが、天を突く様は感動的だ。是非見てほしい。

　コウヤマキは「高野槙」と書き、紀州高野山に多いことが名前の由来である。日本特産でコウヤマキ科に属する。1科・1属・1種で東海道筋が分布東限といわれているので、この木が該当するのかも知れない。材は水質によく耐えるので風呂桶として重宝される。また、造園学ではヒマラヤスギ、アラウカリアと並んで「世界三大公園樹」ともいわれている。静岡県では、南アルプス山麓の沢沿い等にわずかにあったとの記録があるが、何故ここに1本だけ生育しているのか不思議でならない。

　根元にある解説板には、「弘法大師が甲斐の国から駿府へくる途中に、ここで休憩されたが寝過ごしてしまい、慌てて山を下りたために地面に

←名残の紅葉の向こうにすがすがしい富士山

←高ドッキョウ山頂

突き刺したまま忘れられた杖が大きくなった」とある。

コウヤマキを見た後は、そのまま大平へ下ってもよいが、元きた道を分岐点へ戻って徳間峠経由で下山した方が無難のようだ。

コウヤマキ分岐点から徳間峠の間は岩また岩の急峻なルートで至る所にロープが張ってある。足下には十分過ぎるほどの注意を払って下ろう。

徳間峠にも、かつて人の往来をしのばせる石の祠《ほこら》がある。山梨県側へ下れば富沢町徳間、静岡県側は興津川源流に架かる吊り橋を渡って車道（東海道自然歩道）を大平へと向かう。その道路をさかのぼれば、天子ケ岳から山梨県側へ入った東海道自然歩道が再び静岡県側に引き継がれる田代峠へ通じる。

⬆コウヤマキ

➡コウヤマキと弘法大師の石仏

丸子富士《まりこふじ》・満観峰《まんかんほう》

ヤマブキ、アオキほか

［焼津市、静岡市／470m］

四方からのルートで楽しめる。

里山の荒廃を実感。朝鮮岩、丸子富士を経て満観峰へ。アオキ、ヤマブキが繁る山道を行く。日本坂から花沢の里へ、長屋門造りの旧家の景観を堪能しながら緩やかな坂を下る。

満観峰、標高470m。誰が名付けたのか、その名のとおり展望の素晴らしい山である。山の名称は、岳とか山とつくものが多いが、この山には峰とついている。隣接する丸子富士（標高400m）には、三等三角点があるが満観峰にはない。

満観峰に登るには、四方からのルートがあるが、今回は静岡市側から登って焼津側に下山するコースをとってみた。どのルートをとっても公共交通機関を利用することができるので、同じ所へ下山しなくてもよいから楽しみも増える。

JR安倍川駅か静岡鉄道バスの丸子営業所から井尻の集落へ向かう。丸子川に架かる井尻橋を渡ると井尻。集落の中を山へ向かって歩くと程なく2人が肩を並べて歩けるくらいのつづら折の道になる。満観峰へ登る途中にある「小野寺」への参道である。1月15日は、縁日で出店が並びにぎわっていた。

里山・竹林の荒廃を見る

この付近も近ごろ問題視されている里山・竹林の荒廃が見られる。スギ林がすっかりマダケに駆逐されて荒れている。その竹林も利用されないままだ。マダケは、最高の竹材であるのに、笊《ざる》や箕《み》までプラスチック製品や輸入品に押されて竹材の需要

⬆縁日の出店でにぎわう小野寺

がなくなったのだ。

小野寺の境内を通り抜けて裏山を登る。かなりの急登が続いた後に尾根道へ出る。しばらくすると朝鮮岩だ。眼下に東名高速道路や小坂の集落、その向こうには輝く駿河湾越しに伊豆の山並み。北東には安倍川を挟んで静岡市街の全貌が。ここから眺めていると静岡の町には緑が少なく、コンクリートジャングルを見るよ

➡荒廃したスギ林、竹林

〈参考コースタイム〉
JR安倍川駅―30分―井尻橋―20分―小野寺―35分―朝鮮岩―1時間―丸子富士―30分―満観峰―50分―日本坂峠―30分―花沢の里―1時間―JR焼津駅

うだ。

朝鮮岩とは、晁西岩が変化した名称で、その昔、漢詩をつくるのに音韻を併せて駿府のことを晁西ともい い、安倍川のことを晁西川と詠んだ。丸子付近に晁西学校という名があったところから呼ばれた名称で、朝鮮とは直接関係ないと静岡新聞社刊『日帰りハイキング』に記述されている。

朝鮮岩からめざす満観峰は、稜線を上り下りしながら南西に進む。稜線沿いには野生化したシュロが数多く成育している。もともとは南九州原産だが、庭園木として利用されていたものを小鳥が運んできて自然に増えたものであろう。寒さに弱いシュロが、かなり北の方にまで生えて地球温暖化の証しではないかと新聞に掲載されていたことがある。

この山塊の特徴としてヤマブキとアオキの多いことが上げられる。どのコース沿いにもあるヤマブキは、庭木としてもよく利用されるバラ科の低木で4~5月に黄色の花を咲かせ岩の多い悪場を染める。アオキは、ミズキ科の常緑低木で葉は厚くて光沢があり、どんな日陰でも耐える。冬の間、赤く熟した実が葉の間からこぼれ見える様は美しい。これも庭木として利用されるが、この木は雌雄異株であるので実を観賞のポイントとする場合には雌株を植えることが大事である。

朝鮮岩から1時間ほどで丸子富士に到着。上りがきついと思うなら、山の中腹を回り込んで迂回する道もある。しかし、このコースでは唯一の三等三角点のある山だから、頑張って三角点を踏みたい。タブノキを傘代わりに小さな石の祠が祭られている。タブノキは暖帯の照葉樹林(葉がテカテカ光る常緑樹で構成する林)を代表する樹種で防火の役目も果たす。昭和51年、山形県酒田市の大火の時にタブノキの並木が延焼をくいとめた話は有名である。

山頂は360度のパノラマ

丸子富士から満観峰までは約30分。途中には萌芽したばかりの若い雑木林を思わせる荒れた茶畑もある。

小坂へのルートを過ぎて林床にアオキ・ヒサカキが繁茂する杉の林を抜けると、そこが満観峰の山頂。芝生の広場で東屋があり、ベンチもある。360度のパノラマを欲しいままに、好きな場所で昼食をとるのは最高の気分である。

山頂から数十メートル下ると高草山方面への分岐点があるが、そこは直進して日本坂へのルート・茶の実のこぼれた畑の小道を進む。道脇にあるカラスサンショウの実をメジロの群れが、懸垂下降というか、まるでアクロバットのスタイルで懸命についばんでいる。その隣の冬枯れの木では、シジュウカラとエナガの混群が忙しそうに餌をあさっている。

⬆ヤマブキ(開花４～５月)

⬆アオキ(結実１～２月)

⬆上は静岡市街を望みながら山頂での昼食。下は大動脈が通る日本坂

シジュウカラ・コガラ・エナガ等の仲間は、秋から冬の間は混群といって種は別なのに同じ群れをつくって行動する面白い習性がある。

満観峰から焼津市と静岡市の行政界を1時間ほど上り下りすると日本坂に到着する。小坂から日本坂を経て花沢の里に下る道は、日本武尊《ヤマトタケルノミコト》が東征のおりに通ったとも、また遠く奈良・平安時代の東海道であったとも伝えられている。現在では東名高速道路、東海道新幹線、ＪＲ東海道線、国道１５０号バイパス等、日本の大動脈ともいうべき各線がこの峠の下を通過している。

下山は３つのルート

日本坂峠から北へ下るコースは静岡市の小坂へ、そのまま尾根を東に進むと花沢山を経てＪＲ用宗駅へ、南のコースをとれば焼津市の花沢の里へ下山できる。

花沢の里の方へ15分ぐらい下ると舗装された農道にでるが、農道から道下への案内板がないので注意を要する。ハイキングコースとか登山コースが農道や林道に分断され、道標は未整備となるととんでもない方へ歩いたりすることがあるが、ここもその恐れがある。

　農道から林を通した下方に、法華寺が見えるのでその方向に進む。法華寺の仁王門は焼津市指定の文化財、木造の聖観音立像は静岡県指定の文化財である。静寂な木立の中のたたずまいに、無事に下山できたことと併せてホッとさせられる。

　仁王門を抜けると花沢の里である。やきつべの径は、周囲の景観に沿って長屋門造りの旧家が並び、川沿いの石垣にまで心配りが感じられる。径の各所に設けられた農家直売の品々をのぞきつつ、周囲の景色を堪能しながら緩やかな坂道を下る。

　焼津駅への交通手段がないので花沢城址経由か、又は花沢川沿いの道路を下ってそのまま150号バイパスへ出て駅まで約5㎞ほど歩く。

⬆旧家の家並みが美しい花沢の里

真《ま》富《ふ》士《じ》山《やま》

エイザンスミレ、ヤブレガサほか

［静岡市、清水市／1343ｍ］

体力に合ったコースで。魅力は初夏の山の植物たち

4月、ヤマエンゴサクやムラサキケマンに出合う。花期をずらして登れば　ヤマイワカガミ、ヒカゲツツジなどいろいろな花が楽しめる。俵峰の路傍にアケビやムべも。歩いてこそわかる新緑の景色だ。

　安倍川左岸には、最北部の八紘嶺に始まって、南部の竜爪山まで２０００ｍから１０００ｍまでの山々が連なっている。静岡市民にとっては、恰好の登山、ハイキングの場所として親しまれている。その中の一つ、真富士山へ登るには、安倍川側からのルートと興津川側からのルートがある。静岡市の安倍川側からの登山口は、平野と俵沢の二つ、どちらからでもよい。また、清水市側の興津川流域・河内に登山口がある。どちらも、本数は少ないがバスの便があるので、登山口と下山口を変えてもよい。しかし、道中が長いので、自分の体力にあったコースの選択が望まれる。

　平野からのルートは、安倍線・梅ヶ島行のバスで平野バス停下車。安倍川にかかる橋の手前右側に、「真富士山登山口」の道標がある。神社の前を通って林道に出る。途中、林道を2カ所ほどショートカットして山道を歩く。林道を6㎞ほど行った所が第3登山口で、本格的な登山口となる。この林道は、マイカー乗り入れも可能なので、時間短縮のために第3登山口まで、林道歩きをカットすることもできる。駐車する場合には、くれぐれも山林作業の邪魔にならないように。

　谷の向こうからは、ツツドリが、竹筒でもたたくようにポポ、ポポ、ポポと鳴く声が聞こえてくる。ツツド

←真富士山への道

→エイザンスミレ（開花4～5月）

〈参考コースタイム〉

平野―1時間30分―第3登山口（林道からの最終の取り付き点）―1時間30分―真富士峠―30分―第2真富士山―20分―真富士峠―20分―第1真富士山―1時間40分―引落峠―20分―俵峰―50分―俵沢

リも、カッコウやホトトギスと同じように、托卵という手段で繁殖する。托卵先は、センダイムシクイやキビタキの巣という。

林道と別れるとすぐ、ヒノキ植林地の急な登りとなる。スギやヒノキの人工造林地を見ていると、管理の善し悪しで林床の植物の茂り具合が異なる。間伐がされず、林地内に日光が差し込まないと、地表の植物は姿を消し表面侵食が進む。間伐や枝打ちをすれば、林地内に日光が差し込み、地表には、様々な植物が育つ。表面侵食も防止される。

↑ヤブレガサ（開花７～９月）

明るい林の中に多彩な花たち

４月下旬、今にも降り出しそうな空模様に先を急ぐ。道沿いには、色々な植物が、自分の適地を見つけ、ひっそりと花を咲かせている。何回かの間伐によって、管理の行き届いた、明るい林の中にヤブレガサが芽を出している。エイザンスミレも、小さな淡い紫色の花をつけている。

↑ヤマエンゴサク（開花４～５月）

ヤブレガサ、山野草愛好家なら、誰もが知るキク科の宿根草である。花は、鑑賞のポイントにはなりそうにもないが、その芽吹きがなんとも面白い。漢字では「破傘」と書き、名前の通り、破れた傘を開くような形で芽を吹く。

エイザンスミレは、花を見るとスミレであることは一目瞭然。色は淡紅色で、スミレ独特の形をしているが、葉は、スミレの仲間とは異なり、細かく切れこんでいる。

明るい林縁の湿気のある所には、ケシ科のヤマエンゴサク、ムラサキケマン、キケマンが、同じような花の形をしながらも、色彩だけは、しっかりと個性を発揮して咲いている。これらは、里山でも見られる草本植物で、美味しそうであるが「ケシ科」のもので、食用となるものはほとんど無いので要注意。ケマンとは、花

⬆ヤマウツボ（開花５～６月）

⬆ムラサキケマン（開花４～５月）

⬆ガクウツギ（開花５～６月）

⬆ハシリドコロ（開花４～５月）

がたくさん並んで咲く有様を仏壇の装飾、華鬘《けまん》に見たてて付けられた名前といわれる。

沢沿いの湿気のある所では、ハシリドコロが、いかにも瑞々しい葉の裏に、クロユリのような花をぶら下げている。ナス科の多年草である。全草猛毒で、特に根茎に多く含まれている。食べると、口渇、嘔吐、高笑などの症状を呈し、呼吸麻痺で死に至ることもあるという。根茎がトコロ（オニドコロ）に似ていて、これを食べると、苦しんで走り出すので、付けられた和名である。

雑木林の少々暗く、湿気のある所には、ヤマウツボも生えている。多年草の寄生植物で白色に少し桃色を帯びた様は、まるでキノコのようだ。

高度を上げると、沢にはいつのまにか水がなくなり、苔むした大きな石ばかりが目立つようになる。その石もなくなって、ちょっとした鞍部に出ると、伐倒され、樹皮をむかれたキハダの無残な姿があった。キハダは、樹皮の内側が黄色をしているので、この名がある。樹皮は、煎じて胃腸に薬効があるので伐倒して、樹皮のみ持ち帰ったようだ。キハダは個体数が少ないので、こんな姿を見せられるのは残念でならない。

岩場を注意して登り山頂へ

スギ、ヒノキの植林地も終わるころ、分岐点があり、右手を進むと、第一真富士へ。直進すると、第二真富士に至る。真富士には、北と南に二つのピークがある。登山者の間では、何故か三角点もあり、標高も南峰より高い1401mの北峰を第二真富士、標高1343mの南峰を第一真富士といっている。「真富士山」と呼ぶときは、第一真富士を指しているようだ。

⬆上はアケビ（開花4～5月）
下はムベ（開花4～5月）

　直進して、稜線に立った所が、両ピークの中間点、真富士峠だ。そこに、ザックをおき第二真富士を目指して、やせ尾根を登る。途中、ロープを張った岩場があるので、注意して登る。これを登りきり、緩やかな道を行くと第二真富士の山頂に着く。この間のやせ尾根には、ヤマイワカガミ、ヒカゲツツジ等もある。少しずつ、花期をずらして登れば色々と目を楽しませてくれる。

　第二真富士の山頂には、53番目の石仏がある。平野から登山道沿いには、まるで道案内のように順番におわす。山頂は、富士山を眼前に、天子山塊から伊豆半島まで、目の覚めるような眺望である。稜線を更に北上すると、浅間原、青笹へと連なるが、ザックをおいた真富士峠へと戻り、第一真富士へと進む。

　第一真富士山頂には、大きな岩があり、そこに立つと興津川流域を真下に眺めることができる。河内に下る大変さが一目瞭然。

第一真富士からは、俵峰へ下るコースをとる。稜線沿いに歩いた後は、ダラダラとスギ、ヒノキの林の中を下る。途中、若い植林地へ出ると、今にも雨が来そうな安倍川右岸の山並みが見える。林が若いので、ワラビがたくさん採れそう。タラノキもあちこち芽吹き始めている。

しばらく下ると、水量は少ないが、大滝がある。その頭を巻いて、引落峠を通過、俵峰の茶畑に出る。摘採期の茶畑の緑が美しい。

⬆上は天神沢の源頭部。下は俵沢の茶畑

俵峰から、バス停のある俵沢まで歩くことになるが、路傍には、ガクウツギやアケビの花が美しい。農家の庭先にムベも。

ガクウツギの枝は、白い髄を持っており、枝を30㎝くらいに切って、丸い箸のようなもので押し出すと、純白で発泡スチロールのような髄が出てくる。子供のころ、それを口に含んで前歯でカットし、先へ飛ばす遊びをした思い出がある。

アケビの花は、地味であるが実に味わいのある花だ。雌花と雄花が異なる。雌花には開花したときから、バナナを超小型にしたような、アケビの実のもとがついている。ムベも、同じように雌花と雄花が異なる。アケビは、落葉するのに、ムベは常緑なのでトキワアケビ、また、アケビは熟すると割れるのに、ムベは裂果しないので雄アケビの別名を持っている。紫色をした果実には、黒い種子をたくさん含んだ、白い果肉が入っている。甘くて美味しい味がする。それを口一杯に頬張って、甘い果肉のみを食べ、黒い種子を威勢良く吐き出す。街中では、できない食べ方だ。

俵峰から、俵沢への下りは七曲道路の曲線と茶畑の鮮やかな緑のコントラストが美しい。歩いてこそわかる新緑の景色だ。

八紘嶺《はっこうれい》・安倍《あべ》峠《とうげ》

シロヤシオ、オオカメノキほか

［静岡市、山梨県（身延町、早川町）／1918m］

足下に貴重な花々、オオイタヤメイゲツの純林

小さなアップダウンを繰り返して山頂へ。アベテンナンショウ、フデリンドウ、ヒメイチゲなどの花々に出合う。ブナの深緑やシロヤシオの花咲く稜線を安倍峠へと下る。

八紘嶺、安倍峠は静岡市民の水源・安倍川の源流部にある。登山口は、静岡市民の奥座敷ともいわれる梅ケ島温泉郷の外れで、静岡市から約40㎞、バスで2時間余りのところにある。

バスの終点から舗装された林道を10分ほど歩くと、左手に「安倍峠・八紘嶺」の道標があるので、林道と別れて登山道に入る。スギ・ヒノキの林の中のジグザグコースで高度を稼ぎ、1時間ほどでサカサ川に沿って走ってきた林道と出合う。出合った所が、八紘嶺への登山道と林道を歩く安倍峠への分岐点となる。

安倍峠へは林道を15分ほど歩くと、右手のサカサ川に下りる道があるので川沿いに進む。いつしか川の水もなくなり、安倍峠に到達する。

八紘嶺へは分岐を左にとり、ブナと笹の尾根を登る。5月初旬、芽吹き始めたブナの下に、オオカメノキの花がポッカリ浮かんだように咲いている。和名の由来は、葉の形で亀の甲羅を思い起こすためといわれるが定かではない。別名「ムシカリ」は、葉が虫に食べられるので「虫喰われ」が訛ったとされる説もあるが、これも確かではない。でも、ムシカリの方が深山にあって響きもふさわしいように思う。この一帯は、シロヤシオの多いことで知られる。5月中旬

⬇安倍川に咲くムシトリナデシコ（開花5～6月）

➡安倍峠のオオイタヤメイゲツ純林（紅葉11月）

〈参考コースタイム〉
梅ヶ島温泉―10分―八紘嶺登山口―1時間―林道出合―25分―安倍峠分岐―15分―富士見台―1時間20分―八紘嶺

ごろ、やせ尾根や岩場に白い清楚な花をうつむくような形で開く。幹肌が松に似ているので、「マツハダ」とか、葉が5枚輪生するので「ゴヨウツツジ」などの別名を持つ。

分岐点から40分ほどで山梨県境の富士見台に着く。山梨県側の崩壊が進み、登山ルートも危ない。しかし、その名の通り、富士川を隔てた毛無山塊の上に、富士が高くそびえる景観は素晴らしく、ついロープから身を乗り出しそうになる。

富士見台からは、県境を少し静岡県側に入った所を高度を上げながら登る。この辺りには、春になるといかにも瑞々しくおいしそうなトリカブトやバイケイソウが生えているが、いずれも毒草なので注意を要する。ちょっとした湿気のある崩積土の所には、高さ10㎝ほどのキバナハナネコノメが黄色というよりオレンジ色に近い花を咲かせている。分布は、東海道筋、特に安倍川流域に多いようだ。

ルートは、大薙沢の上部のガレ場を左に見て尾根を辿る。この辺りからは、安倍川の左岸、右岸の山並みが見える。小さなアップダウンを繰り返しながら山頂へ近付く。ダケカンバやツガなど樹高もそれ程高くない、明るい稜線を歩いていると、足下の草むらには踏み付けられそうな小さな小さなフデリンドウの花が1輪咲いている。黙々と、ただ山頂を目指しているだけでは、見落としてしまいそうな小さな花である。それから、ヒメイチゲの小さな花も所々に咲いている。和名は雪渓跡地に分布するハクサンイチゲ等に比較して小さいことによるが、草丈10㎝ほどである。ミツバテンナンショウも奇妙な花を咲かせている。テンナンショウは、里芋の仲間で球根を掘り上げるとコンニャクと同じような形態をしている。ミツバテンナンショウは、牧野富太郎著の『新日本植物図鑑』によると四国・九州の深山の林に生える。静岡付近の山地にも自生があるのは興味深いと著している。そういえば、安

⬆赤水の滝上流側の渓谷

⬆オオカメノキ（開花５月）

⬆フデリンドウ（開花４～５月）

⬆シロヤシオ（開花５月）

⬆マタタビ（開花５月）

➡ミツバテンナンショウ（開花５月）

倍峠一帯にはアベテンナンショウとかアベトウヒレン、コケイランなどが分布し、植物学者にとっては重要なフィールドであると伺ったことがある。

これらの植物も、登山の時期によって千変万化、5月中旬になるとミツバツツジの仲間が咲き、ツツジも1700m辺りになるとサラサドウダンツツジに変わっている。

景観ばかりでなく、季節の変化、植物の変化に目を配りながら歩いていると、いつの間にか山頂である。山頂からは、北に笊が岳、布引山、青薙山などの大井川左岸の山々、その向こうに南アルプスの赤石、聖岳を望むことができる。

山頂からは、西は大谷崩れの頭を通って山伏へ、北に山梨県の七面山へ通じるコースがある。

八紘嶺の名は、梅ケ島・梅薫楼の先代主人と日本山岳会の冠松次郎の命名であるとか。静岡新聞社発行の『静岡県の山50選』に記されている。

下山は、往路を引き返す。富士見台を少し過ぎるとモミの人工林があり、そこに安倍峠への分岐点がある。この分岐点からモミの人工林を横断し、再び山梨県境へ出てブナの新緑やシロヤシオの花咲く稜線を安倍峠へと下る。下りきった所で林道に出合う。きれいなトイレも整備されているが、水は飲めない。この林道は、

⬆ヒメイチゲ（開花５月）

⬆キバナハナネコノメ（開花３～４月）

豊岡・梅ケ島線といって山梨県に通ずる。梅ケ島の皆さんは、かつて静岡よりも山梨県との交流が深かったことから念願の道路であった。当初は、静岡営林署が治山用資材運搬道路として途中まで開設し、それを県が引継ぎ山梨県と連絡する線形にした。ルートをサカサ川沿いとするか、トンネルにするかで議論百出。最終的には、経費も安く沢沿いの自然破壊を最小限にすることで、現在の位置に落ち着いた経緯がある。

⬆山頂から青薙山・稲又山稜線越しに、南アルプス赤石岳と聖岳を望む

　トイレのある駐車場から、林道を山梨県側に歩くと、オオイタヤメイゲツの純林がある。これは、カエデの仲間の落葉高木で、こんな大木の純林は珍しい。

　この美しい芽吹きを見てもらいたくて、作家の幸田文さんを案内したことがある。昭和51年の4月末であったと思う。ところがオオイタヤメイゲツの芽吹きにはまだ早く、岩場の満開のアカヤシオの花に助けられた想い出がある。幸田さんは、梅ケ島温泉に1泊されて翌日は大谷崩れへ。婦人の友への連載「崩れ」は、それから始まった。

　オオイタヤメイゲツの林を下って行くと、少しずつサカサ川らしい流れとなる。沢沿いの山には、アカヤシオ、ヒロハツリバナやヤマグルマが、湿地には、テバコモミジガサ等が生育している。

　沢沿いのハイキングコースは、いつの間にか林道へ出て終わりとなる。この先は、林道沿いの植物や景観を楽しみながら梅ケ島温泉へと下る。傍らの岩肌には、春にヤマイワカガミ、秋にイワシャジンの花が咲く。谷間には、梅の花を思わせる純白のマタタビの花が芳香を漂わせてくれる。マタタビは猫にマタタビというほど、ネコ科動物の好物で、葉の先が白くなる特性がある。

　梅ケ島温泉郷では、登山客にも有料で温泉を解放してくれる。汗ばんだ体を温泉で一流しするのも山旅の楽しみである。

山《やん》伏《ぶし》

ズミ、マイヅルソウ、ヤナギランほか

［静岡市／2013ｍ］

果樹園のようなズミ、ヤナギランも間近に

ゆったりとした気分になる山頂はヤナギランの群生で注目される。笹原の道にはかわいいツマトリソウがのぞき、マイヅルソウのじゅうたんが続く。梅ケ島温泉に下るのも一興。

山伏は、安倍川流域の最高峰で唯一2000ｍを越している峰である。それにもかかわらず「岳」も「山」も付いていないのは珍しい。山頂に立っても、丘の草原にいるような、ゆったりした気分にしてくれるこの山には、「岳」も「山」も無い方が似合うのかもしれない。

山伏は、県民の森の区域に位置付けられ、林道・勘行峰線の開通によって、亜高山帯の高茎草本・ヤナギランの群落を手近に見ることができるようになったため、一躍脚光を浴びている。

山伏へのルートは、バリエーションに富んでおり、体力、時間に応じて、いろいろなコースが選択できる。

梅ケ島新田から入って、日本三大崩れの一つに数えられる大谷崩、新窪乗越経由でのルート、同じく新田から、西日陰沢、ヨモギ峠経由のルートは、体力と時間を要し、静岡市からの日帰り登山にしても、それなりの準備を必要とする。

他方、井川側からであれば、林道・勘行峰線が静岡市小河内(旧井川村)から山梨県早川町へ通ずる井川・雨畑線と連絡したことで、どこからでも容易に登山できるようになった。岳人にとっては少々物足りなく、一般のハイカーにとっては大歓迎というところだろうか。

ズミの花咲く猪ノ段ルート

ここでは、シーズンともなると、果樹園かと見紛うほど「ズミ」の花咲く猪ノ段ルートを紹介したい。

猪ノ段は、林道・勘行峰線を「県民の森ビジターセンター」、ロッジの前を通過し、北へ進む。それまで、やや上り勾配であった林道が急に下り勾配となり、右も左も落ち込んだ鞍部に差し掛かる。ここが、梅ケ島・西日陰沢から別ルートで上がってくる「牛首」である。地名のごとく、「牛の首」に似た地形の峠である。

牛首から1㎞ほど北進すると、林道幅が広くなっており、駐車できる

⬆山伏への道

〈参考コースタイム〉
林道勘行峰線・猪ノ段口—10分—猪ノ段—50分—山伏小屋—30分—山伏—1時間30分—猪ノ段口

スペースがある。そこに駐車して、10分も登ると猪ノ段である。地名のいわれはわからないが、猪が集まって運動会でもやりそうな広い笹原である。この笹原の中に、たくさんのズミがある。蕾から開花間近のころは濃色のピンク色だが、完全に開花すると白色が強くなる。開花しきっても、ピンクの強いもの、白色の強いものと株によって個体差がある。ズミは、バラ科の樹木で、花木として庭に植え、盆栽にも利用されるハナカイドウを連想すればよい。和名は、「染み」の意味で、樹皮を染料に使うためといわれる。別名「コリンゴ」は、リンゴのような小さな果実を付けることによる。

明るい笹原の中の道には、サクラソウ科の高さ10㎝くらいの白いツマトリソウの花が咲いている。注意していないと踏みつけてしまいそう。ちょっとロマンチックな名前だが、花びらの先が赤く縁取られていることによる。

広い笹原を過ぎると、落葉樹林帯へ入る。急な上りもなく楽な道である。林の中に入ると、道沿いには延々とマイヅルソウのじゅうたんが続く。これも高さは、せいぜい10㎝ほどの小さなユリ科の草本植物である。左右上方に曲がった葉脈の形を、ツルが翼を広げて舞うように見たてて付けられた和名だが、よく観察して、それぞれに想像たくましく名前を付けたものだと思う。

⬆やさしいピンク色の花、ズミ（開花４～５月）　⬇ズミの花

↑ツマトリソウ（開花5〜7月）
↖左上はツバメオモト（開花5〜7月）
←マイヅルソウ（開花6〜7月）

↑シモツケソウ（開花７〜８月）

ルート沿いの森林は、一度伐採利用されたため、大径木はほとんど無い。しかし、伐採当時、木の素性が悪かったのかカラマツやコメツガの巨木が残っており、その木に灰白色の海藻のようなサルオガセがぶら下がっている。サルオガセは、主に亜高山帯の針葉樹の枝に付着して懸垂する糸状の地衣類。10㎝〜１ｍほどに伸びて、外観はトロロ昆布に似ている。寄生植物ではないが、これに取り付かれると木が衰弱していくように思われる。随分昔の話になるが、北アルプス登山の帰りにバスガイドが「サルオガセのことを別名〝山姥の陰毛〟と申します。煎じて飲めば、男の浮気、女のヒステリーによく効きます」とアナウンスして乗客一同大笑い。それ以来忘れることのない植物名になっているが、もちろん、そんな薬効があろうはずもない。

行程の中ほどには、あまりきれいではないが、山伏避難小屋もある(トイレはここだけ)。この辺りは笹原で、展望も素晴らしい。春の新緑、秋のダケカンバ、ナナカマドの紅葉もよい。ルートは、やがてガレ場の上を通るが、ガレ場には、オトギリソウやシモツケソウなどの花が美しい。

山頂近くにヤナギラン

間もなく、右側に梅ケ島新田からの西日陰沢コースと合流する。山伏の山頂も間近で、ヤナギランの季節であればチラホラと花が見え始める。年によって開花時期は多少のずれがあるが、大体8月上旬ごろのようだ。

ヤナギランといっても、ラン科の植物とは縁もゆかりもないアカバナ科の多年草で、草丈は1・5m程度になる。葉の形が柳に似て花がランを思わせることから命名された和名である。横に這う根の所々から茎を直立させ、枝分かれすることなく、その先端に紅紫色の美しい花を開く。種子には、白く長い毛があり、タンポポのように風で飛び散る。

林道の開通によって、心無い人たちが群落の中に入り込み、勝手に弁当を広げたり写真を撮ったりしていたが、静岡市によって木道や観察デッキを配した遊歩道が整備された。山に入ったら、山のルールを守ることが必須条件。また、笹を刈ってヤナギランの増殖も試みられている。ヤナギランは少々湿気を好むが、笹が繁茂すれば土壌の乾燥化が進みヤナギランは自然に消滅するのではないかと心配されていた。

山頂からの展望は、さすが安倍流域ナンバー1の標高だけあって抜群だ。山頂の笹原の東側には、異様な雰囲気を持つ大谷崩れが眼前に迫り、その向こうに安倍川流域の山並み、一段高いところに富士山。北の方に、南アルプスの聖岳、赤石岳、荒川三山が手に取るように見える。南は、井川高原の向こうに三ツ峰、七ツ峰と連なり、遥か彼方に静岡市街。

山頂で、目的を果たした後は、自家用車の使用であれば、そちらへ戻る。そうでなければ、山頂から20分も下れば、林道・雨畑線に出るが、ここから井川の小河内に下っても、山梨県早川町に下っても道のりは遠い。この下りには、シロヤシオの群落があって、花期には白い花で覆われる。その下は、ツバメオモトやエンレイソウも。山頂に立った時間によっては、大谷崩れの方へ足を延ばし、新窪乗越しから梅ケ島新田に出てもよいし、足に自信があれば、新窪乗越しから下りることなく大谷崩ノ頭、八紘嶺へと足を延ばして梅ケ島温泉へ下りるのもよい。素晴らしい自然の景観と温泉が歓迎してくれるであろう。

←ツガに取り付いたサルオガセ

↓ミネカエデ

ヤナギラン（開花7〜8月）

七《なな》ツ《つ》峰《みね》

カラマツ、ミヤマシキミほか

［静岡市、本川根町／1533m］

南アルプスを一望、冬の日差しに輝くシキミの実

バスの運行の下調べを充分に。カラマツの人工林が広がる登山道。冬木立の光の中にミヤマシキミの実が美しい。オオイタヤメイゲツの純林に期待して。

静岡駅から井川線のバスに乗り、富士見峠で下車すると一大パノラマが展開する。

峠は標高1100m、南アルプスの山々や井川の集落、ダム湖、富士山などが一望できる。この峠には、井川林道開通記念塔と南アルプス国立公園指定の記念碑が建っている。林道の記念塔は、徒歩で大日峠を越え、静岡市と交流していた当時の安倍郡井川村へ、初めての自動車道として昭和33年に林道が開通した記念に建てられた。静岡側の安倍郡玉川村横沢と井川ダムを結ぶ林道は、延長25km・工事費2億5000万円、工期はわずか3年。建設機材も思うにまかせなかった時代のことを考えると、短期間によくもこれだけの工事ができたものだと驚かされる。林道の開通と同時にダムも完成し、ダムの堰堤上を通って井川にも自動車が入ることができるようになった。未舗装ながら井川村森林組合が管理する有料道路であった。

当時は、新静岡から井川まで1日5往復のバスが運行され、所要時間3時間。途中の横沢バス停ではトイレ休憩があり、乗客はトイレを使ったり、茶店でおでんを食べたりと観光バスを思わせる風景もあった。井川村を含めて6カ村あった安倍郡も昭和45年に静岡市と合併し、地図上

⬆ミヤマシキミ（開花4～5月）

から消えた。その後、林道は県道として維持管理され全線舗装道路になったが、井川地区の過疎化が進みバスは季節運行となっている。したがって、七ツ峰に登る時には、バスの運行の下調べを充分にしておきたい。往時の林道に思いをはせながら富士見峠でトイレ休憩を兼ねて一服。

三ツ峰を過ぎると開拓地

道標にしたがって、西へ伸びている登山コースをとると程なく標高1

⬆長島ダムと寸又川流域の山々

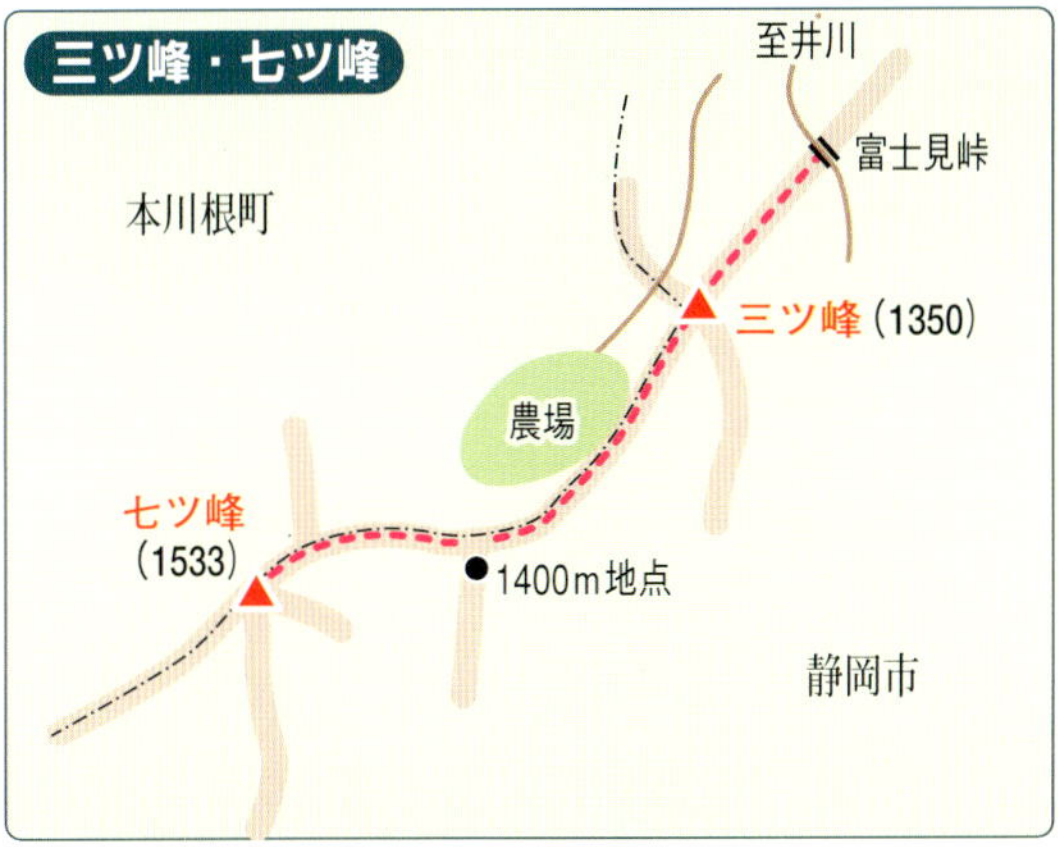

〈参考コースタイム〉
富士見峠—30分—三ツ峰—30分—農道終点（林業用作業道起点）—1時間20分—七ツ峰—1時間—農道終点—30分—三ツ峰—30分—富士見峠

350mの三ツ峰に到着。山頂から北側にカラマツを主体とする人工林が広がっている。カラマツは、落葉針葉樹で、春の芽吹き、夏の緑、秋の紅葉と人工林でもスギやヒノキと異なって季節感がある。南側を望むと植えられて間もないヒノキの人工林で視界を遮るものはなく、当分は駿河湾や静岡方面の展望が期待できる。

この付近は笠針と呼ばれ、かつては崩壊地が至る所にありウドが大量に生え山菜採りでにぎわったところだが、治山工事のおかげで崩壊地は姿を消し、緑に覆われている。その中を大間への県道が曲線を描いている。

三ツ峰を過ぎると、稜線の北側には開拓地が広がってくる。本川根町梅地である。昭和40年代に開拓されたが、造成直後は幾度となく下流の栗尾沢を濁流と化し、渓流釣りマニアを嘆かせたところである。気温も低く環境条件は厳しい。開拓地では主に高原野菜が生産されている。開拓地からは、深く落ち込んだ大井川越しに北正面に大無間山、右手に小無間山、左手に朝日岳が望まれ、その景観は季節を問わず飽きることがない。農道脇に建てられた簡易トイレは七ツ峰までの間の唯一のトイレである。

農道がつきると、道路は林業用作業路と変わり、車進入禁止の柵がある。そこから数分で本格的な登山道となる。ここも南側はスギ・ヒノキの幼齢林で展望はきく。林地はきれいに下刈りがされ、野ウサギや鹿の食害から植栽木を守るために忌避剤の散布もしてある。忌避剤は動物を殺すものではなく、嫌な臭いをさせて食べさせないようにするためのものであり、下刈りもすべてを刈り払うのではなく、有用な広葉樹やタラの木等は残してある。山村で暮らす

↑三ツ峰の山頂

←七ツ峰の山頂

人々の自然との共生の姿を垣間見ることができる。北側にはカラマツの人工林で林齢は40年生ぐらいだろうか。標高1000m以上になるところでは、スギ・ヒノキが寒害を受けるので主にカラマツが植栽される。

カラマツは、最も陽光を必要とする極陽樹で生長も早い。しかし、根が地中深く入らない浅根性の樹種であるので、風の害を受けやすく、ここでも相当の風倒木がみられる。

➡秋の最後を彩るコナラ（紅葉11月）

⬇大無限山

↑福養の滝

カラマツ林にブナの大木

　カラマツの林の中に残されているブナの大木の下には、冬木立の光に真っ赤なミヤマシキミの実が輝いている。ミヤマシキミは、常緑のミカン科の小低木で真冬にも鮮やかな緑の葉をつけている。シキミといいながら仏壇に供えるモクレン科のシキミとは全く異なる植物で、単に葉がシキミに似ているので命名されたものらしい。

　さらに足を運ぶと、カエデの仲間のオオイタヤメイゲツの純林も広がる。まだ若いが将来が楽しみだ。

　七ツ峰山頂には、富士見峠から2時間ほどで到達できる。標高1533・2mの二等三角点があり、山頂からの展望は期待したほどではないが、大井川に建設中の長島ダムや富士山が見えるように切り開いてある。長島ダムを西方に、その奥には寸又川流域の山々を、東に安倍川流域の山並、その向こうに裾野を広げた富士を望むことができる。

　七ツ峰からの稜線は更に南西へと伸び、天狗石山・智者山を経由して静岡市と本川根町を結ぶ国道362号の富士城峠へと連なっているが、交通の手段がないので、もと来た道を富士見峠へと引き返す。山頂から少し富士見峠寄りに梅地へ下るルートもあるので、マイカーでない場合は、それを下って大井川鉄道で本川根町に出てもよい。マイカー使用ならば、富士見峠から口阪本温泉へ下り、汗を流すのもよいし、県道南アルプス公園線を大間へ下り福養の滝で一服するのもよい。

南アルプス登山口まで

シナノナデシコ、ツリフネソウ、フシグロセンノウほか

［静岡市］

林道・東俣《ひがしまた》線《せん》を行く。椹島《さわらじま》で散策を楽しむ

南アルプスの玄関口。夏はハクサンシャクナゲ、ツリフネソウやタマアジサイなどが、椹島ロッジ周辺の林を彩る。春、山野草の開花時と紅葉の秋にも訪ねてみたい。

静岡県側から南アルプス登山を計画すれば本川根町の林道・寸又線経由の特殊なルートを除くと、必ず通行しなければならないのが林道・東俣線である。

林道・東俣線の始まる中部電力畑《はた》薙《なぎ》第一ダムまでは、静岡市からバス利用の方法と東海道線金谷駅から大井川鉄道を利用して井川駅まで行き、静岡からくる畑薙行のバスに乗り換える二つの方法がある。しかし、このバスは春の新緑、夏の登山、秋の紅葉シーズンと運行が不定期なので、バス運行を確認しておく必要がある。マイカーならば畑薙第一ダムまで行くことができるが、駐車場がないので、夏山シーズンともなれば、ダムサイトに県内外の車があふれ、バス運行にも支障を来すほどだ。南アルプスの静岡側の玄関口といわれながら、駐車場にも事欠く有様では恥ずかしいし、中伊豆町の天城山登山口のように整備できないものかと、夏山登山の度に思う。

リムジンバスで椹島へ

畑薙第一ダムから20分ほど歩くと沼平、ダム建設当時に、プラントや宿舎があってにぎわった所だ。正確には林道・東俣線の起点はここであり、これから先は一般車両は通行禁止となっているので、東海フォレスト会社運営のリムジンバスを利用する（畑薙行の静岡鉄道バスと連絡）。そうでなければ歩くしかない。

畑薙第一ダムから、茶臼岳《ちゃうすだけ》・上《かみ》河内《こうち》岳《だけ》方面への登山口である畑薙大吊り橋まで4㎞、大井川左岸の笊《ざる》ケ《が》岳《たけ》・布《ぬの》引山《ひきやま》方面への登山口（中ノ宿の吊り橋）まで9㎞、聖岳登山口まで16㎞、赤石岳方面と千枚岳・荒川三山方面への登山基地となっている椹島までが19㎞、昔から二軒小屋の愛称で親しまれ、現在は東海フォレストの経営する二軒小屋ロッジまでは30㎞となっている。

単調な林道のテクテク歩きは、登山前でも登山後でも疲れる。リムジ

ンバスは東海フォレストの施設利用者の送迎バスなので予約するなど、それなりの制約や手続き等が必要となる。

林道という名称で開設された道路といっても木材生産、環境保全等の面から、今ではかつてのように大々的に原生林を伐採して木材を搬出するということは、まず考えられない。畑薙第一ダム周辺に駐車場を整備し、林道・東俣線にもう少し安全策を講じて、北アルプスの上高地や中央アルプスの様に、登山シーズン、新緑、紅葉のシーズンだけでも公共交通機関を運行するなど、もっと有効に利用したらどうだろうか。南アルプスの大自然を見てもらうのも森林保全或いは自然保護思想の高揚に役立つのではないか。これも林道の利用の一つであると考える。何しろ南アルプスは、アプローチが長く大井川沿いの登山口に着いても高山植物の花咲く3000m級の稜線へ立つには、健脚者でも更に1泊2日の日程と本格的な登山装備を必要とする。仮に大井川沿いにバスを走らせたとしても、よその山で見られるような「観光客」に高山植物を荒らされることは起こらないはずである。

畑薙ダムからリムジンバスに揺られて約1時間で椹島に着く。途中で大型のザックを肩に、これから登る人、下る人を追い越し、擦れ違う。ドライバーはその都度、登山者に砂ぼこりをかけないように徐行する。

茶臼岳、上河内岳への登山は、ダム湖に架かる延長180mの畑薙大吊り橋を渡る所から始まる。バスの終点・畑薙ダムから4㎞、散策するのにも適当な距離

←川原に多いシナノナデシコ（開花7～8月）

とあって、大吊り橋は登山以外の一般の人たちでもにぎわう。ここから茶臼小屋までは約7時間、必ず通過しなければならない関所で、高所恐怖症の人はここでUターンしなければならない。

リムジンバスが畑薙大橋を渡って初めて大井川右岸へ出る。昭和58年に流失した元の大橋は、現在の位置よりも10ｍ近くも低い位置に架設されていたので、今は土砂の中。ダム

➡畑薙大吊り橋

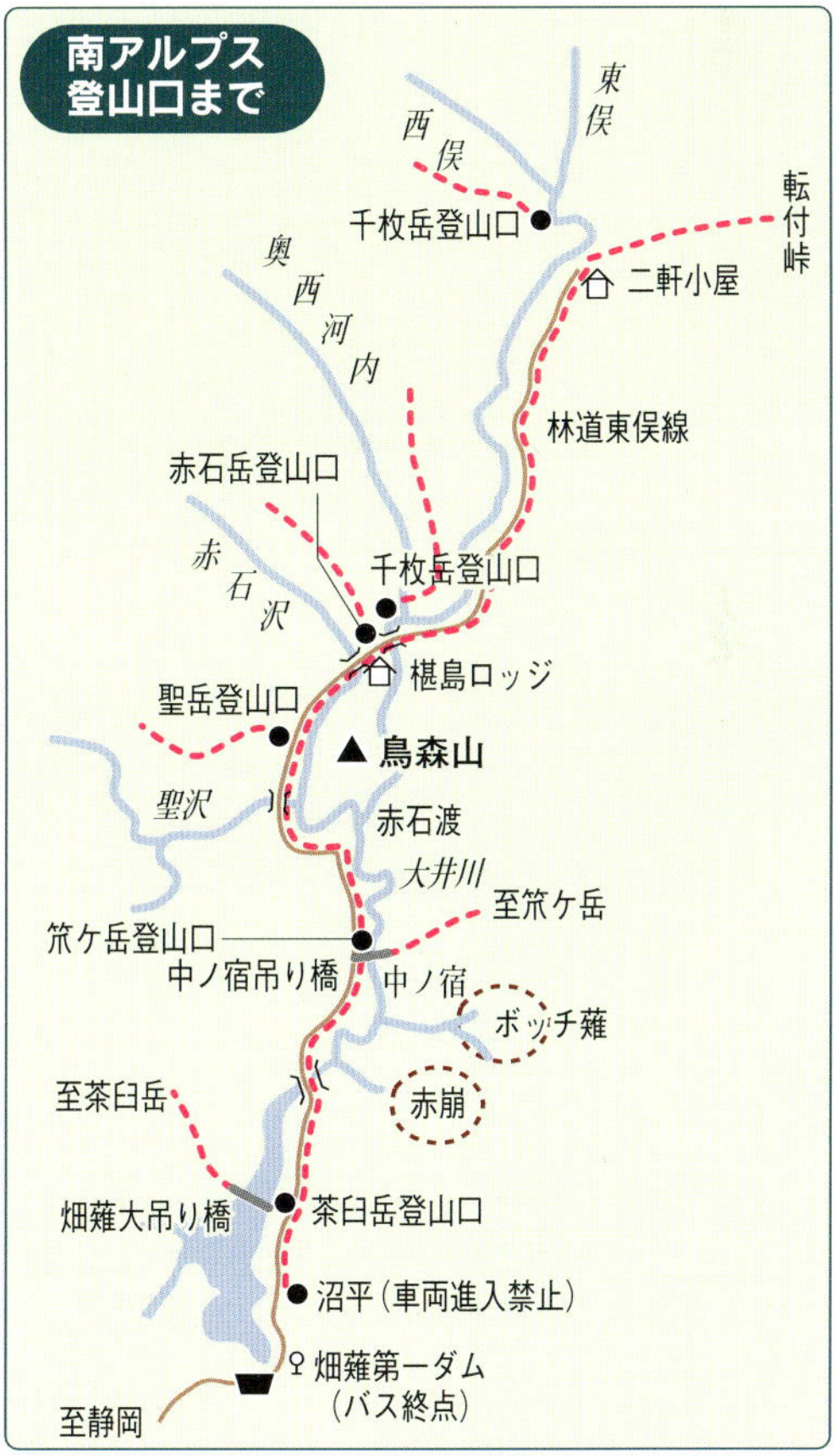

〈参考コースタイム〉
畑薙第一ダム―20分（1.5km）―沼平（ここから先車両進入禁止）―30分（2.0km）―畑薙大吊り橋―40分（2.5km）―畑薙橋―40分（2.5km）―中ノ宿吊り橋―1時間30分（6.0km）―聖岳登山口―1時間（2.5km）―椹島―4時間（11.0km）―二軒小屋

建設当時、満水時のバックウォーターが、この畑薙大橋から５００ｍも上流にあったとは、現在の土砂の量からは想像もできない。右岸を上流に向かうと大量の土砂流入の謎が解ける。左岸側に赤崩れ、ボッチ薙と途方もなく大きな崩壊地を目の当たりにする。

笊が岳・布引山方面への吊り橋のある中の宿は、かって木材を流送した時代に山林労働者の宿泊所として賑わった所だ。

やがて車は赤石渡を通過する。初めて入山する人は、林道沿いの川を本流と思いがちだが、大井川本流は右手から流れ込む方で、林道は赤石沢に沿って走っている。林道のなかった時代は、ここ赤石渡で吊り橋を渡り、鳥森山の下を巻いて椹島へと歩いた。水量豊かでとうとうとした流れを誇っていた両河川も、ダム建設で水無川と化している。

赤石ダムを右手に見ながら進み、車が聖沢を眼下に聖沢橋を渡ると聖岳登山口だ。ここから7時間の行程で聖平の小屋へ着く。聖岳登山口を過ぎると、すぐに牛首峠。地形図を見ると、文字通り牛の首のようにくびれた所で、Ｖ字形の赤石沢の向こうに赤石岳がそびえている。南アルプスの登山基地・椹島は、この峠のすぐ下にある。

椹島は、聖岳方面、赤石岳方面、千枚・荒川三山方面、笊が岳方面の登山口の要になっている。ここには、東海フォレストの経営する椹島ロッジがある。最近まで、中部電力のダム建設工事関係者の宿舎だった建物を登山客用に使用している。その他、昔の土間を中心にした建物で、木材を流送していた時代の古い宿舎も残さ

⬆牛首峠からの赤石岳

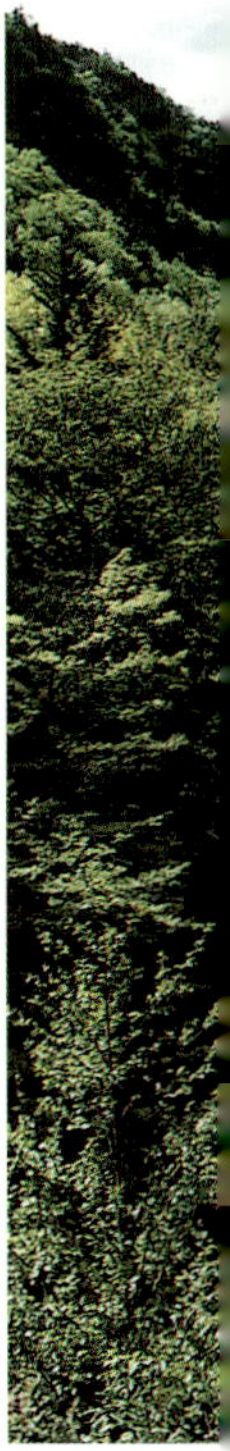

↑タマアジサイ
(開花8～9月)

←ウスバサイシン
(開花5月)

キツリフネソウ→
(開花8～9月)

れている。

シナノナデシコの群生も

　登山をしなくても、この辺りの散策だけでも楽しみたい。標高1571mの鳥森山にはハクサンシャクナゲの群生地があり、赤石岳の眺望もよい。時間にして1時間30分の行程だ。ロッジ周辺のカラマツ林には、春には、徳川家の紋章で知られるフタバアオイにそっくりのウスバサイシンも見られる。夏になるとフシグロセンノウの朱色の花、川原に出れば、園芸品種を思わせる赤紫色のシナノナデシコの群生。林道沿いの湿地にはツリフネソウやタマアジサイも。ツリフネソウを近くでよく見ると、本当に船を釣った形をしていて面白い。紅紫色のものは、よく見かけるが、黄色のものは少ない。椹島から二軒小屋ロッジまでは更に11㎞もある。林道が開通する以前は、JR身延線を利用し、山梨県早川町から標高2000mの転付峠《でんつくとうげ》を越えて二軒小屋へ入るのが普通であった。現在も林道が閉鎖されると、このルートを使う。

　二軒小屋からは、東京電力の取水口に架かる吊り橋を渡り、日本三大急登攀路の一つといわれる急な登りをマンノー沢の頭へと登り、千枚岳から荒川三山へと縦走できる。が、このルートは、余りにも時間と体力を要するので、椹島から登る人の方が

➡フシグロセンノウ（開花7〜8月）

⬆畑薙ダムからの上河内岳・茶臼岳

⬆早朝の二軒小屋ロッジ

断然多いようだ。二軒小屋は標高1400m、転付峠が2000m、ハイキングとしては少々きついが、ロッジから転付峠へは、2時間余の行程。春の山野草の開花時と秋の紅葉は見ごたえがある。

南アルプス

千枚岳《せんまいだけ》

クルマユリ、ゴゼンタチバナほか

[静岡市／２８８０ｍ]

植物の変化を観察しながらの山旅

ジグザグの急登を経て緩やかな登りに。落葉樹が姿を消し、針葉樹林帯へと変わる。ウサギギク、イワベンケイ、タカネツメクサ……小さな花たちが出迎える。

椹島から千枚岳・荒川三山・赤石岳を縦走して椹島へ戻る周遊コースは、昭和62年の夏皇太子殿下が登山されてから、一躍人気のコースとなった。

登山基地・椹島までは、楽な方法を選んで東海フォレストのバスを利用して椹島で一泊する。登山シーズンの椹島は、終日にぎやかだ。

朝一番の食事を取って、最初の宿泊地の千枚小屋へ向かう。林道・東俣線を上流に向かってしばらく歩くと滝見橋があり、その手前に千枚岳・荒川三山方面への登山口がある。登山口から5分ほど歩くと、奥西河内にかかる吊り橋を渡る。いよいよ登りだ。

静岡県側から南アルプスの稜線に立つためには、傾斜も緩やかで一番楽なのがこのルートだが、残念なことに山林作業や資材運搬のために開設された作業道を何カ所か横断しなければならない。以前は、その作業道を歩く部分がかなりあったが、現在は平行する形で登山ルートが整備されている。

登山口から、かなりのジグザグの急登をして、それが終わる頃、ダムの隧道工事で排出された土砂の堆積場へ出る、標高１５８６ｍ・三等三角点のある小石下である。付近には東海フォレストの高冷地試験林があり、針葉樹ばかりでなく、肝臓や眼の病気に効くといって人気のあるカエデ科のメグスリノキ等の広葉樹も植栽してあって興味深い。

清水平でコースの半分

緩やかな登りをひたすら歩いて、清水平に着けばこのコースのほぼ半分に達したことになる。ここまで約4時間。これからまた、ひとふんばり登って、平坦になった所が蕨段《わらびのだん》で、標高２０７３ｍの三等三角点がある。落葉樹も姿を消して、シラビソの多い針葉樹林帯へと変わり、亜高山帯まで登ったことが解る。

南アルプスの亜高山帯は、おおよ

⬆千枚小屋の日の出

〈参考コースタイム〉

椹島ロッジ—40分—吊り橋—2時間—小石下—1時間20分—清水平—2時間20分—駒鳥ノ池—40分—千枚小屋

そ1800mから2600mの範囲といわれ、主要樹種はクリスマスツリーを思わせるシラビソである。シラビソ林には、トウヒ、カラマツ、コメツガ、ダケカンバなどが混生し、場所によっては次世代のシラビソの幼齢木(数十年は経ている)が立錐《りっすい》の余地がないほど生えている。これが何らかの原因で上層木の親木がなくなると一斉に上長生長を始めるのである。

シラビソ林の少し明るい場所には、7月ごろミズキ科のゴゼンタチバナの白い花が、あちこちで見られる。10月になるころには、もう赤い実を付け、夏の短い高山植物の慌ただしい生活を垣間見る気がする。いかにも優雅な名前だが、ゴゼンは発見地の白山の御前峰にちなみ、果実をタチバナになぞらえたものといわれる。

植物の変化を観察しながら、緩やかな勾配のシラビソ林を登っていくと、右手に駒鳥池が現れる。池といっても小さな水溜まりといった感じで、コケで覆われている。名前は駒鳥池だが、ここまでの高さになるとコマドリの姿は見られず、さえずりは、メボソムシクイとルリビタキである。両方が声を掛け合っているかのように、遠く近く聞こえる。

ここまで登れば宿泊地・千枚小屋までは近い。作業路終点から来る道と合流して30分ほど歩くと千枚小屋だ。ダケカンバとシラビソ林の境に建つ二階建ての立派な小屋で食事の注文もできる。小屋の前を通って奥にテント場があり、ここからの赤石岳の眺めが素晴らしい。

明朝は早立ち。その日の明るいうちに、小屋周辺の「高茎草本群落」をよく見ておこう。ダケカンバがまばらに生える林の下に、腰丈ほどのいろいろな草本類が密生している。シシウド、マルバダケブキ、カラマツソウ、イブキトラノオ、グンナイフウロ、ハクサンフウロなど色とりどりの花は見事である。7月から8月

↑出番を待つシラビソの幼齢木

←ゴゼンタチバナの花(開花6～7月)

←ゴゼンタチバナの果実(結実10月)

➡クルマユリ（開花7〜8月）

⬅オオバタケシマラン（開花7月、結実10〜11月）

にかけては、白色、黄色、桃色の花が咲き、8月も下旬になるとトリカブトやタカネマツムシソウなど紫色の花が多くなる。小屋の周辺で、7月下旬ごろひときわ目を引くのがクルマユリ。名は体を表すとか、車軸状に葉を出し、朱色の花を開く。何時まで見ても飽くことの無い自然が造り出す妙だ。夏の花は小さく地味で、人目に付きにくいオオバタケシマランも、秋になるとことさら派手な赤い色の実が枯れ草の中で誇らしげだ。

珍しい高山植物を堪能

時間に余裕があれば、二軒小屋からマンノー沢の頭経由で上ったルートの合流点辺りまで行って、高茎草本群落と異なる高山植物を見ておくのもよい。合流点から西へ進むと、道沿いの開かれた部分は森林土壌が比較的豊かで、ウサギギク、テガタチドリ、コバノコゴメグサなど高山植物が次々と出現する。草丈は、高茎草本群落のものに比べて半分にも満たない。

小屋から30分ほど歩くと、深く落ち込んだ西河内越しに赤石岳が眼前に迫る。ここから千枚岳へは10分足

➡イブキトラノオ（開花7～8月）

➡コバノコゴメグサ（開花7～8月）

➡千枚小屋のお花畑

➡グンナイフウロ（開花7〜8月）

➡ウサギギク（開花7〜8月）

➡シコタンソウ（開花7〜8月）

➡タカネツメクサ（開花7〜8月）

➡イワオウギ（開花7〜8月）

らずだ。崩壊地や岩場となっているルートの左側には、イワベンケイ、イワオウギ、タカネビランジ、シコタンソウ、タカネツメクサ、イワツメクサなど一段とコンパクトになった植物たちが目を楽しませてくれる。僅か数十メートル歩いて離れただけで種類も大きさもまるで違う。これらは、厳しい環境の中でも崩壊地や岩場を好んで生える植物で、乾燥に強いとか、土砂の中に深く根を張るものなど、それぞれ生活していく上での工夫を凝らしている。

例えば、イワベンケイは葉が厚くて根茎は堅く、日照りや乾燥に耐えるようになっている。そして、叢生《そうせい》した株に開いた花を見ると、株によって花が異なっているのに気付く。雌株と雄株の異なる、いわゆる雌雄異株なのだ。これから先の岩場や崩壊地も、まだまだたくさんの高山植物の宝庫だ。楽しみな山旅である。

⬆イワベンケイ（開花７～８月）

⬆タカネビランジ（開花７～８月）

⬆イワツメクサ（開花７～８月）

南アルプス　荒川《あらかわ》三山《さんざん》

悪沢岳《わるさわだけ》・中岳《なかだけ》・前岳《まえだけ》

ミヤマオダマキ、シナノキンバイ、クロユリほか

［静岡市、長野県（大鹿村）／3141m・3083m・3068m］

南アルプス最大のお花畑を心ゆくまで楽しむ

千枚岳で日の出を迎え、アップダウンを繰り返し前進する。雷鳥のいる尾根を抜け、快適な稜線漫歩。ハクサンイチゲ、シナノキンバイ、ハクサンチドリ……登ったかいがあった。

千枚岳で日の出を迎えるには、日の出40分くらい前に小屋を出発すればよい。昨日のうちに見ておいた高茎草群落の中の道をたどると、やがてハイマツ帯に入り、視界も開ける。これ以上は森林が成立しない。いわゆる森林限界に到達したのだ。ハイマツの中には、その隙間を狙ってハクサンシャクナゲが枝を伸ばし、少し遠慮がちにクリーム色の花を開いている。

千枚岳山頂からは、海原のようなハイマツを近景に、夜明けの富士が浮かんでくる。何回登頂しても見飽きることのない風景だが、シャッターチャンスのよい写真はなかなか撮れない。

南アルプスの中にありながら、北アルプスの山塊のような荒々しさのある塩見岳も、ここからはおだやかに見え、蝙蝠《こうもり》岳、徳右衛門岳へとなだらかな尾根を伸ばし、その後は二軒小屋へと急激に落ち込んでいる。反対の南の方には、明日の登頂を待っている赤石岳が息をのむような迫力で迫ってくる。

千枚岳を後に荒川三山へ向かうとすぐに、ロープの欲しい岩場に出る。千枚岳から荒川三山～赤石岳～椹島のコースで最も危険な所で落石、転落に細心の注意を払いながら下る。大勢のパーティーに出合うとかなり

■地図は 107 ページ参照

〈参考コースタイム〉

千枚小屋―40 分―千枚岳―1 時間―丸山―30 分―悪沢岳―1 時間 30 分―中岳―15 分―前岳―1 時間 10 分―荒川小屋

待たされることになる。

登山コースは、ラクダのコブのような尾根のアップ・ダウンを繰り返しながら前進する。立ち止まると奥西河内へ吸い込まれるかと錯覚する所もある。このような危険箇所にも、ミヤマオダマキ、ミヤマミミナグサ、タカネマツムシソウ、タカネナデシコなど、タカネやミヤマの付く何とも表現しがたいほどの美しい花が咲き誇り、束の間、緊張をほぐしてくれる。

ライチョウを見かける丸山

やがて広々とした尾根の緩やかな登りとなり、ハイマツもその名のとおり地面に張り付き、高さは数十cmしかない。一帯は常に風の吹き付ける荒れ地、いわゆる風衝地なのだ。そのような環境にも「自分の住家はここ」とばかりに手のひらにのるような小さな植物が生育している。

尾根というより丘といった感じの地形の中をのんびり歩いて千枚岳と悪沢岳のほぼ中間、丸山に到着。この辺りでは、氷河期の生き残りといわれているライチョウをよく見かける。漢字で「雷鳥」と書く。雷鳴が轟《とどろ》き雲が山を覆う時に現れるからという。

⬆ハクサンシャクナゲ（開花７月）

秋も紅葉の終わるころ、霧の中に半分ほど冬への衣替えをした4羽のライチョウに出合った。ライチョウは、冬は雪のように白く、夏には岩と同じような斑《まだら》模様の保護色になることで知られ、国指定の特別天然記念物である。ハイマツ帯を餌場と同時に絶好の隠れ場所としており、天気のよい日には、ワシ、タカ等の天敵を恐れて、草原状の所にはなかなか姿を見せない。「ライチョウを見た」という時には、天気の方は余りすっきりしなかった証拠とも言えそう。

平原状の風衝地を過ぎると、岩ばかりの悪沢岳も視野に入り、ルートも凸型となり少しは、尾根らしくなる。岩陰には、ミヤマキンバイやミヤマダイコンソウが黄色の花を開き、ツガザクラ、アオノツガザクラ、コケモモ、チョウノスケソウなど高さ10cm前後の矮性低木の高山植物が小さな群落を形成している。

コケモモは、花もかわいいが実も

⬆タカネマツムシソウ（開花８月）

⬆タカネナデシコ（開花７～８月）

⬆ミヤマオダマキ（開花７～８月）

ミヤマミミナグサ➡
（開花７～８月）

かわいい。夏に花を開いたかと思うと秋には、超ミニのリンゴのような果実を結ぶ。

　チョウノスケソウは一見、草本のようであるが小さなバラ科の灌木である。発見者の須川長之助の名が付けられているが、氷河期には日本でも分布域を広げていたといわれ、いわば氷河時代の生き残りの植物ということになる。南アルプスも年々積雪量が減っているという。いずれ、絶滅の運命にあるのだろうか。

　悪沢岳山頂直下は、赤茶けた巨岩に覆われていて、そこを登っていく。山頂近くの北側に、椀を二つに割ったような形の谷があるがこのような地形をカール（圏谷）と呼んでいる。カールの存在は、日本の高山が氷河で覆われていた時代の証しだという。悪沢岳の北東斜面のカールは、日本最南端のものといわれ、氷河の擦痕も発見されている。

　悪沢岳は、国土地理院の地形図には「東岳（悪沢岳）」と記されている。

⬆ミヤマダイコンソウ（開花７～８月）

⬆ツガザクラ（開花７月）

⬆ミヤマキンバイ（開花７～８月）

標高3141m。山の荒々しさからみれば、悪沢岳の方が余程その名にふさわしい。悪沢岳・中岳・前岳を荒川三山と呼び、悪沢岳は、その最高峰である。他のどの県にも接していない山としては県内最高峰である。地理でいう赤石山脈の主峰・赤石岳よりも高いことは、案外知られていない。その上、三角測量のポイントとして位置的にまずかったのか三角点がない。

　山頂からは、南に赤石、北に塩見岳をはじめ、間ノ岳、甲斐駒ヶ岳に至る南アルプス北部の山々を一望に

⬆コケモモ（開花７月）

⬆アオノツガザクラ（開花７月）

⬆チョウノスケソウ（開花７～８月）

荒川雪渓のハクサンチドリ➡
（開花７月）

できる。遥か彼方に中央アルプス、北アルプスの山並みも確認できる。

お花畑の向こうに赤石岳

360度の眺めを満喫した後に、西に向かって下って行くと急斜面にジグザグの道が付けられている。落石に細心の注意が必要な所だ。下りきった鞍部からは、お花畑の向こうに赤石岳が美しい。

ここから再びやせ尾根の上りになるが、風衝地特有の植物、崩壊地特有の植物、矮性低木の植物群落があって、その健気さと可憐さに、ザックの重さも忘れて見入る。幅広い尾根になると中岳避難小屋に着く。振り返ってみれば、悪沢岳の大きさに改めて感動を覚える。小屋は無人だが、夏山シーズンには荒川小屋の管理人が兼務で管理される。小屋からほんの少し西に中岳・3083mの

⬆クロユリ(開花7月)

⬆冬支度を少し整えたライチョウの姿

⬆荒川岳のお花畑

三角点がある。悪沢岳と前岳の間にあるので中岳というが、この一帯は、非常になだらかな稜線が続く。

　中岳から前岳は指呼の間で快適な稜線漫歩となる。中間点の荒川小屋への分岐点に荷を置き、前岳をピストン。前岳まで来てようやく長野県境に到達したことになる。山頂に立つと、西側は天竜側の支流・小渋川に大きく崩れ落ち、静岡県側とはまるで様相を異にしている。崩落は休むことなく繰り返されているようだ。

　分岐点に戻り、ザラザラの砂礫地に足を取られないように下ると、南アルプス最大のお花畑だ。雪渓跡地の植物群落で、ハクサンイチゲの白花とシナノキンバイの黄色の花が一番よく目立つ。7月下旬の北アルプスであれば、まだまだ大きな雪渓がみられるが、そこはやはり南だ。一塊の雪もなく花のじゅうたんが広がる。雪渓跡地の植物群落には、シナノキンバイの他、クロユリ、ハクサンチドリ、ヨツバシオガマ、テガタチドリ、ハクサンフウロなどが見られる。

　今夜の宿泊地・荒川小屋はもう視野の中。急ぐことはない。お花畑の中で心ゆくまで楽しみたい。そのためにここまで来たのだ。

⬆ハクサンイチゲ（7～8月）

⬆シナノキンバイ（7～8月）

南アルプス

赤石岳《あかいしだけ》

チングルマ、チシマギキョウ、ミヤマシオガマほか

［静岡市、長野県（大鹿村）／3120ｍ］

高山植物は、未来の子どもたちからの預かりもの

激しいアップダウンの縦走から、谷風に押されて稜線に立つ。岩陰にはチシマギキョウ、トウヤクリンドウ、イブキジャコウソウなど風衝帯特有の植物。赤石岳にピストンし、あとは一気に下る。

荒川小屋は、荒川前岳の直下・奥西河内沢の源流部にある。周囲はダケカンバと高茎草本群落に囲まれ水場も近い。その上、朝日に浮かぶ富士の幻想的なシルエットを望める環境に建つ。

　早朝、黎明の富士を見て小屋を出発。しばらくは、ダケカンバを主体とする灌木林をトラバース気味にたどると、次はじゅうたんのようなハイマツ帯に出る。

　南アルプスの縦走で大変な思いをするのは、一つ一つの山が大きく、鞍部も森林限界より下になり、同時に山小屋もみんな森林限界より下にあるので、アップダウンが激しいということになる。その点、北アルプスはいったん稜線に立つと、それほどのアップダウンもなく山小屋も雪解け水が豊富なので稜線上にあって縦走するのも楽だ。

　荒川小屋上のダケカンバの林を抜けて、しばらくすると長野県側から風の吹き上げてくる大聖寺平《だいしょうじだいら》に到着する。だだっ広い所なので、濃霧の時は、指導標をしっかり確認することが必要だ。大聖寺平から小赤石岳への標高差は３００ｍ。この上りは何回登っても意外に楽な気がする。長野県側から吹き上げてくる猛烈な谷風が、汗ばむ体に心地よいのと重い体を押し上げてくれるせいだ。

■地図は107ページ参照

〈参考コースタイム〉

荒川小屋—40分—大聖寺平—1時間20分—赤石小屋分岐—20分—赤石岳—15分—赤石小屋分岐—1時間—北沢源頭—40分—富士見平—30分—赤石小屋—3時間30分—椹島

道中、遅くまで雪渓が残っていたと思われる窪んだ砂礫地にチングルマの黄色の花と、花後の雌しべ（厳密には花柱という）が伸びて白毛を出し、風に揺れる姿を同時に見ることができる。高さは10㎝足らずで草本

のようだが、よく見るとバラ科の落葉小低木。和名はチゴグルマが訛ったもので漢字では稚児車と書く。稚児のように小さく可憐で、花弁が車輪状であることによる。何と素晴らしい名前ではないか。

風に押されて赤石岳から伸びてきた稜線上に立つと、ワーっと視界が開け、思わず感嘆の声が飛び出す。足取りも軽くなる。これから赤石岳までの稜線は、風衝地特有の植物が多く、景色ばかりでなく足下の植物を見るのも楽しみで、しばし立ち止まることも増えてくる。

紫色のチシマギキョウは、風を避けるように岩陰に咲いている。接写レンズで息を凝らしてシャッターチャンスを狙うが、風に遊ばれてなかなか静止しない。オヤマノエンドウは、「高い山に生育するえんどう」の意味だが、食用となるエンドウとは別属である。このオヤマノエンドウやタカネシオガマ、ミヤマシオガマ、チョウノスケソウ、トウヤクリンドウなどは、同じような環境の所に小さな群落を形成する。トウヤクリンドウは「当薬竜胆」と書く。和名ではセンブリのことを「トウヤク」というが、そのトウヤクと同じように薬になるという意味である。かつては修験者が健胃剤や消化剤として利用したといわれているが、薬効は無いともいう。いずれにしても、国立公園特別保護地区であるので採取はできない。

⬆チシマギキョウ（開花７～８月）

紫色の花ではイブキジャコウソウもある。地面に張り付くように咲いている様は、まるで絵具でもこぼしたかのようである。和名は、岐阜県・滋賀県境の伊吹山に多く生え、全体によい香りを放つことによる。ヨーロッパ産のハーブとして栽培されるタイムもこの仲間である。

赤石岳は、小赤石と赤石岳の中間点・椹島への分岐点に荷物を置いてピストンする。上り20分ほどである。赤石岳は、赤石山脈の盟主で標高３１２０ｍ。一等三角点がある。展望は、北アルプス、中央アルプス、南アルプスの北部と南部、富士山と欲しいままである。山頂南下の窪地には真新しい避難小屋もある。

↑トウヤクリンドウ（開花８～９月）

↑チングルマ（開花７～８月）

↑チングルマの果実（結実８～９月）

↓小赤石からの富士山

標高差2000mの長い下り

さて、これから椹島まで標高差2000mの長い長い下りが始まる。分岐点で再びザックを背負い、落石に注意を払いながら北沢源頭の小尾根、標高差400mを一気に下る。コース沿いに、荒川ほどではないが、ハクサンフウロやヨツバシオガマなどのお花畑が広がり、山旅の別れを告げる。歩道が浸食され、今にも崩れ落ちそうな所にミヤマクワガタとミヤマミミナグサが咲いている。

運よく登山道で砂浴びをするライチョウの親子を見ることができた。

やがて道は小さな流れを横切って平坦な道へと変わる。ここまで下ればヤレヤレだ。振り向けば、赤石岳の荒々しい岩壁が覆いかぶさるように迫ってくる。

沢から先は、ラクダの背と呼ばれる小赤石から伸びる尾根を南側から北側へ巻く形で、小さなアップダウンを繰り返しながら下る。

⬆タカネヤハズハハコ(開花8月)

⬆ミヤマシオガマ(開花7～8月)

⬆タカネシオガマ(開花7～8月)

⬆イブキジャコウソウ（開花７〜８月）

➡赤石岳から荒川三山と間ノ岳、農鳥岳

➡北沢源頭のお花畑

ハイマツの繁る見晴らしのよい尾根にでると富士見平。

左手に鋸歯状の千枚岳に始まる悪沢岳・中岳・前岳の荒川三山がくっきりと見える。一歩一歩の力は、凄いものだと歩いてきた道を振り返る。背後にはのしかかるような赤石岳、その左手に、静岡方面から見るときれいな弧を描く聖岳が、まるで別の山の姿に見える。

←ウラシマツツジの紅葉（紅葉9～10月）

↓オヤマノエンドウ（開花7～8月）

→ハクサンフウロ（開花7～8月）

富士見平から後は、ただ、ただ下るのみ。赤石小屋までは30分。時間と体力を見て赤石小屋に泊まってもよし、椹島まで下ってもよい。椹島までは、森林の垂直分布の変化を見ながら3時間半の行程だ。東海パルプを興した大倉喜八郎翁にちなんで「大倉尾根」とも呼ばれるこのルートは急坂の連続で長い。落葉樹林帯を抜け、カラマツの造林地に出れば椹島まで近い。が、林道を走る車の音、大井川の水の流れ、椹島の人声が風に乗って聞こえてくるようになっても、疲れてクタクタの体は容易にたどり着かない。林道へかかる鉄梯子を下って、ようやく終わりとなる。

3泊4日のこのルートは、静岡県側では、最も高山植物の豊富なコースである。長野・山梨県側では、山麓まで国立公園の

↓富士見平からの荒川三山と千枚岳（右端）

↑ミヤマクワガタ（紫色、開花7～8月）とミヤマミミナグサ（白色、開花7～8月）

エリアが広がっているが、静岡県側は標高2600m以上となっている。

自然公園法では、公園区域内に特別地域や特別保護地区を設定し、環境庁長官が指定する植物やこれに類する植物を許可無く採取することを禁じている。もちろん、区域外だからといって採取してよいわけはない。指定されている数は、南アルプスで52科390種に及んでいる。稜線ばかりでなく、山を歩いていて採取できるものは、まず無いと考えてよい。

採取が禁じられている仲間で、最も多いものは、キク科の43種、次いでラン科の35種、ツツジ科の27種、キンポウゲ科の25種、ユリ科の25種となっている。いずれも山野草愛好家にとっては垂涎の的ばかりである。

これらの植物は、高山や冷涼な場所でそれぞれの種に適した場所で生育している。これを猛暑の下界へ持ち帰っても育たない。彼らには、厳しい極寒の高山が故郷なのだから。

美しい花や草木は、氷河時代からの贈り物であり、未来の子供たちからの預かりものである。これから先も時代を越えて美しい自然環境を守り、大切に育てたい。

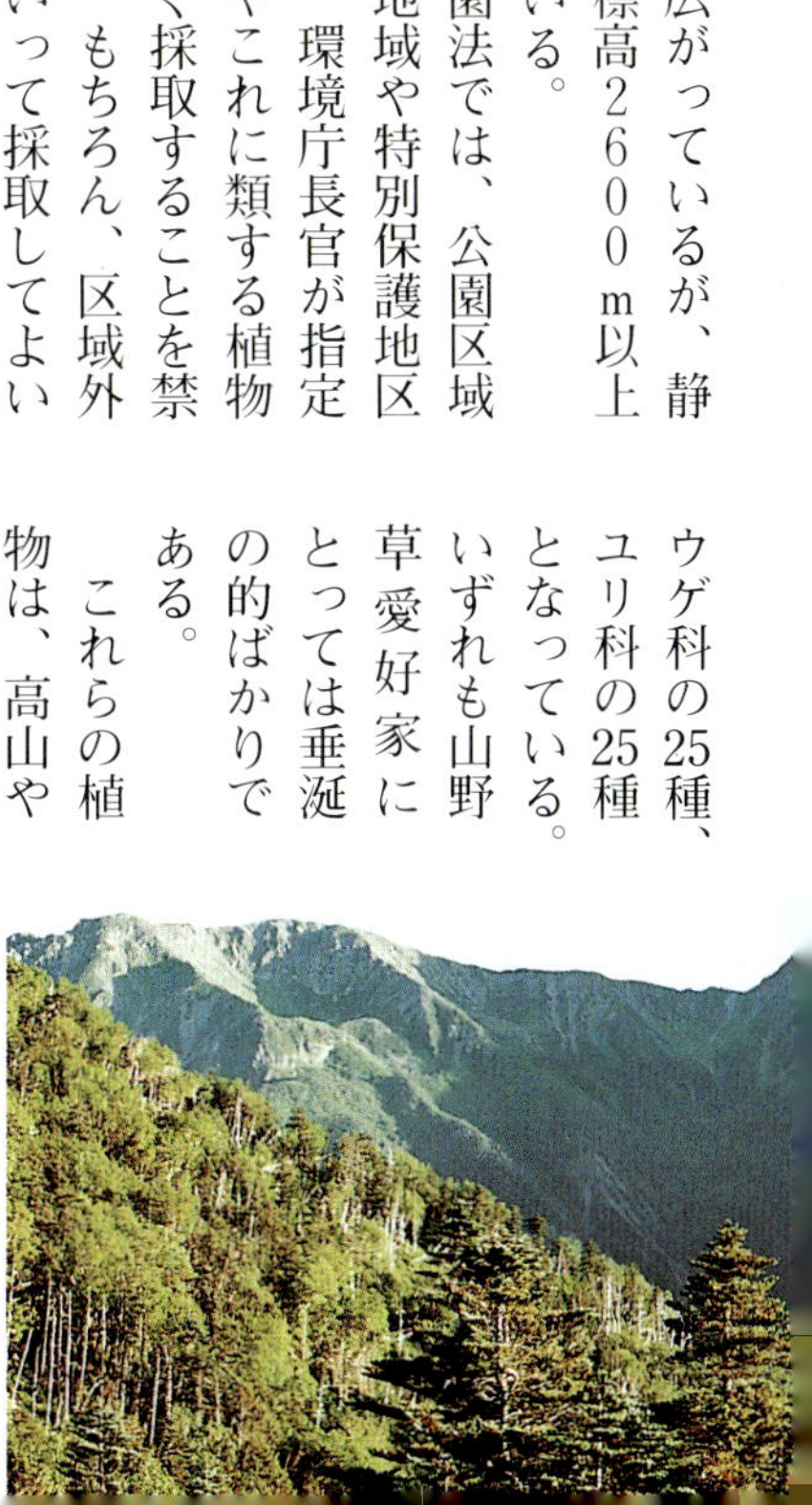

八高山《はっこうさん》

シキミ、シイノキ、リンドウほか

［金谷町、掛川市、川根町／832m］

白光神社のシキミ林を歩く。日帰りに手頃なコース

茶畑を抜けて登る。秋にはドングリが落ち、イノシシが荒らした痕跡が見られる。山頂近く、シキミの林が面白い。眼下に川根町、大井川を望む。

八高山は、日帰りに好適なコースとして親しまれている。車や汽車で大井川を渡る際、上流に見える2峰のうち、ピラミッド型の峰が目指す「八高山」である(手前に見えるのは金谷の経塚山)。

多く利用される登山口は大井川鉄道福用駅からで、駅を出てすぐ前の県道を右折。川根の方へ向かって少し歩くと福用公民館があり、その脇にある「八高山登山口」の指導標に添って左折。山手の方へ向かうと正面に八高神社。登山口は、神社から南へ50mほどの所にある。農家の裏山に入った途端に急登だがすぐ稜線に出て茶畑の道になる。

以前、大井川の右岸にはイノシシが多いと聞いたことがあるが、農家のすぐ近くの耕地まで荒らされているのを間近にみて驚いた。イノシシは、稲、イモ類、ワラビの根、サワガニ等何でも食べ、とくに山間部では農作物を荒らすので嫌われる。

秋も終わりの登山道には、シイの実が落ちていた。子どものころ、シイの実を拾い集め炒っておやつがわりに食べたことを思い出した。シイノキにはツブラジイとイタジイの2種類がある。一見、区別が難しそうだが、そのドングリを見れば一目瞭然。ツブラジイは、名前のごとく果実が円く小さい。イタジイは、意味不明だが果実が長くツブラジイの実よりも大きい。樹皮も大木になると縦にクラックが入る。その様子によっても区別できる。八高山の登山道のものは実の型からツブラジイである。

以前は、これらの広葉樹を薪炭材として利用していたので、林は10年～20年に1回は伐採された。その切り株から新しい芽を出し、明るくなった周辺にはいろいろな植物も育った。ところが近年のように利用価値がなくなると、常緑のシイやカシノキは大木になり枝葉を広げて地表に日光が差さなくなるために、林床の植物が衰退する。若い木には咲

⬆芳香を放つシキミの花(開花3〜4月)

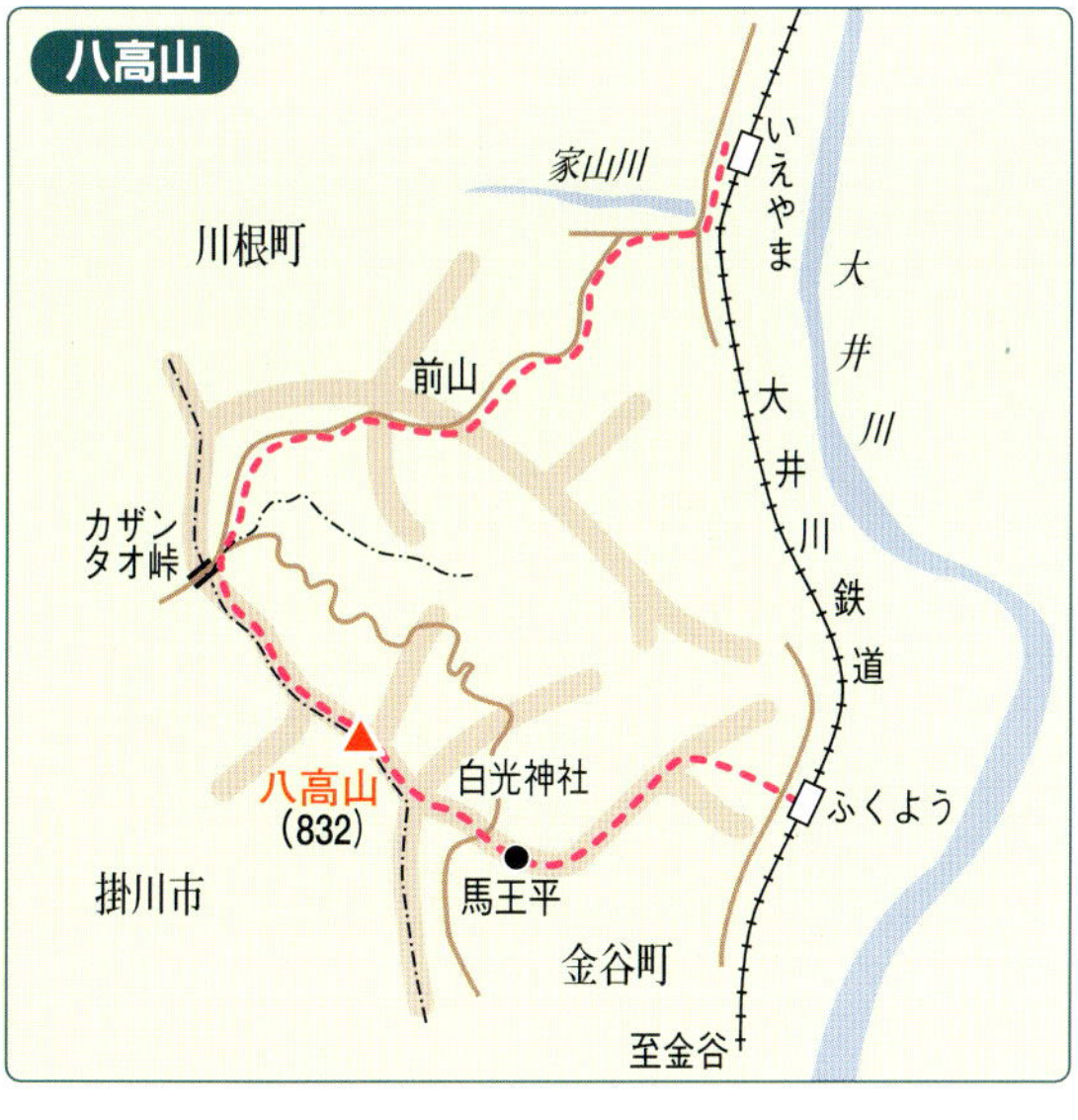

〈参考コースタイム〉
大井川鉄道福用駅—1時間40分—馬王平—20分—反射板—20分—白光神社—5分—八高山—1時間—カザンタオ峠・原の平—2時間—大井川鉄道家山駅

⬆広々とした馬王平

⬆林床植物の消えたヒノキ林

かないが大木になると頭の痛くなるような独特なにおいの花が咲く。初夏の蒸し暑い夜に漂ってくるのはたまらない。

いろいろな思いを巡らせながら登山道をたどると、いつの間にか耕作を放棄された茶畑の平坦な道に出る。草刈り場だったらしい所には可憐なリンドウの花も見られる。

高密路網を歩く

間もなく左手の福用からの別ルートと合流し、やがて林道に出合う。右に進むと広々とした林道の交差点・馬王平である。この一帯は国有林で、かつては掛川営林署が生産性向上のために高密路網（単位面積当たりの道路密度を高くする）対策を進めた所である。かなりの林道が縦横に走っている。道路密度が高ければ、現場への往復の時間が節約できる。下刈り

⬆リンドウ（開花 10 ～ 11 月）

をはじめとする保育作業の能率の向上、伐採・搬出の経費削減もできる。しかし、経営合理化のために掛川から浜松営林署に管理が変わり、現在は天竜森林管理署で管理・経営されている。営林署が生業から一歩退いて、環境重視の形態へと変わり名称も森林管理署と変更したのである。

馬王平から指導標に従って急登するとマイクロウェーブの反射板がある。それを過ぎると杉木立ちの中に白光神社。登山口の神社の奥の院という所か。ここから八高山頂まではもう一息。その間の林が面白い。ほとんどの樹木がシキミなのだ。

シキミは、モクレン科の常緑小高木で枝葉を香花《こうばな》といって仏壇や墓前に供える。3月ごろロウ細工のような淡緑黄色の花が開き芳香を放つ。枝葉も傷つけると同じように香る。

富士宮市は、シキミの一大生産地であるが県内には、他の雑木を切って野生のシキミのみ残し、切り花として産地化している所もある。

←シラキの紅葉（紅葉11月）

八高山頂には一等三角点がある。三角点は三角測量によって求められた測地の基準点であるが、一等から四等まである。高い標高だから一等ではなく、ほぼ50㎞間隔に見通しのよい所に1点設けられて、その三角の中に二等、二等の中に三等というように日本全土に三角点網が敷かれて地形図が出来上がっている。一等三角点の標石は花崗岩が多く用いられている。標柱の1辺は18㎝、長さは81㎝前後、重さは約90㎏。一般的には、文字を刻んだ面が南側になっている。これは南面には陽光が当たり、苔がつきにくく発見が容易だという理由からだと言われている。従って標石を見れば、磁石なしでも東西南北の方位がわかると言うことになる。ちなみに一等三角点は、日本全国に973点・静岡県には19点ある。

山頂からは、眼下に川根町の中心街・家山、水量の少い大井川、その向こうに南アルプスの連山を眺めることができる。

スギ・ヒノキ林の中を下る

下山は、一等三角点を後に北西の尾根道をとる。緩やかなピークを二つ越えると急な下りとなる。それを過ぎると、スギ・ヒノキの様々な林齢の林の中を歩く。次第に高度を下げながら、山道は馬王平から伸びてきている林道と出合う。右へ下れば馬王平へ、左に１００ｍほど進むとカザンタオという変わった名前の峠・原の平で掛川から舗装された林道と川根町前山から上ってきた道路と交わる。前山への林道をとれば、前山を通り抜け家山に下る。

山頂から大井川鉄道家山駅までは約3時間、ルートもはっきりしない部分があるので、足や地理感に自信のない人は、福用への道を戻ることを勧めたい。

⬆シイノキの繁る里山

⬆シイノキの花（開花５～６月）

湖西連峰《こさいれんぽう》

ヒイラギ、イヌツゲ、ヤブツバキほか

［湖西市、三ヶ日町、愛知県（豊橋市）／標高２００～４００ｍ・２３㎞の山並み］

羅漢さんに見守られ浜名湖の眺望を満喫

摩利支天（東雲寺）のトキワマンサクを見てスタート。整備された登山道が心地よい。ヒイラギ、イヌツゲのトンネルを抜け、石畳が味わい深い姫街道へ下る。

浜名湖の西、静岡・愛知の県境を南北に走る湖西連峰は、湖西市の神石山から三ヶ日町宇利峠までの約23㎞の山並みをいう。標高は２００～４００ｍほどの山だが、実に響きのよい名前だ。

見ごたえあるトキワマンサク

スタート地点は、静岡県の西の端・ＪＲ新所原駅だが駅構内は愛知県境にあるという。天竜浜名湖鉄道の西の起点でもある。時間に余裕があれば山へ登る前に摩利支天（東雲寺）の近くにある静岡県指定天然記念物「トキワマンサク」を見てスタートするのもよい。

トキワマンサクは、マンサク科の常緑低木で3月ごろ開花する。マンサクが落葉樹であるのに対し、常緑であることからこの名が付けられた。豊年・満作と縁起を担がれる樹木でもある。トキワマンサクの群落は熊本県の小代山、三重県の伊勢神宮、ここ湖西市の3カ所しかなく、この群落は分布の北限になる。マンサクを見た後、駅の方へ少し引き返して登山口へ向かう。新所原駅からは北へ約１・５㎞の所に静岡県水道事務所・湖西出張所があり、登り口はその先にある。

登山口で、埴輪のような様々な形の像が目に付く。これは登山ルートの開設30周年を記念し、地元の小学生達がゴミゼロを願って手作りの５３０体の像を山道に配置したものだという。

登山口から20分ほどで梅田峠に着

←トキワマンサク

く。ここからは寄り道になるが、嵩《す》山《やま》(168m)に登る。標高は低いが浜名湖、遠州灘を一望できるばかりでなく、この付近では特徴のある植物も多くある。園芸品種と思われているクチナシの花は、静岡県が東限で湖西市の花でもある。夏には、白い花を開いて芳香を放ち、冬に黄赤色に熟した実は、黄色の染料や薬用

⬆トキワマンサクの花(開花4～5月)

〈参考コースタイム〉
JR新所原駅―15分―登山口―20分―梅田峠―展望台往復(30分)―20分―仏岩―40分―神石山―50分―多米峠―40分―石巻分岐―20分―廃寺跡(大知波峠)―25分―富士見台―25分―上浅間神社―5分―本坂峠―1時間―本坂

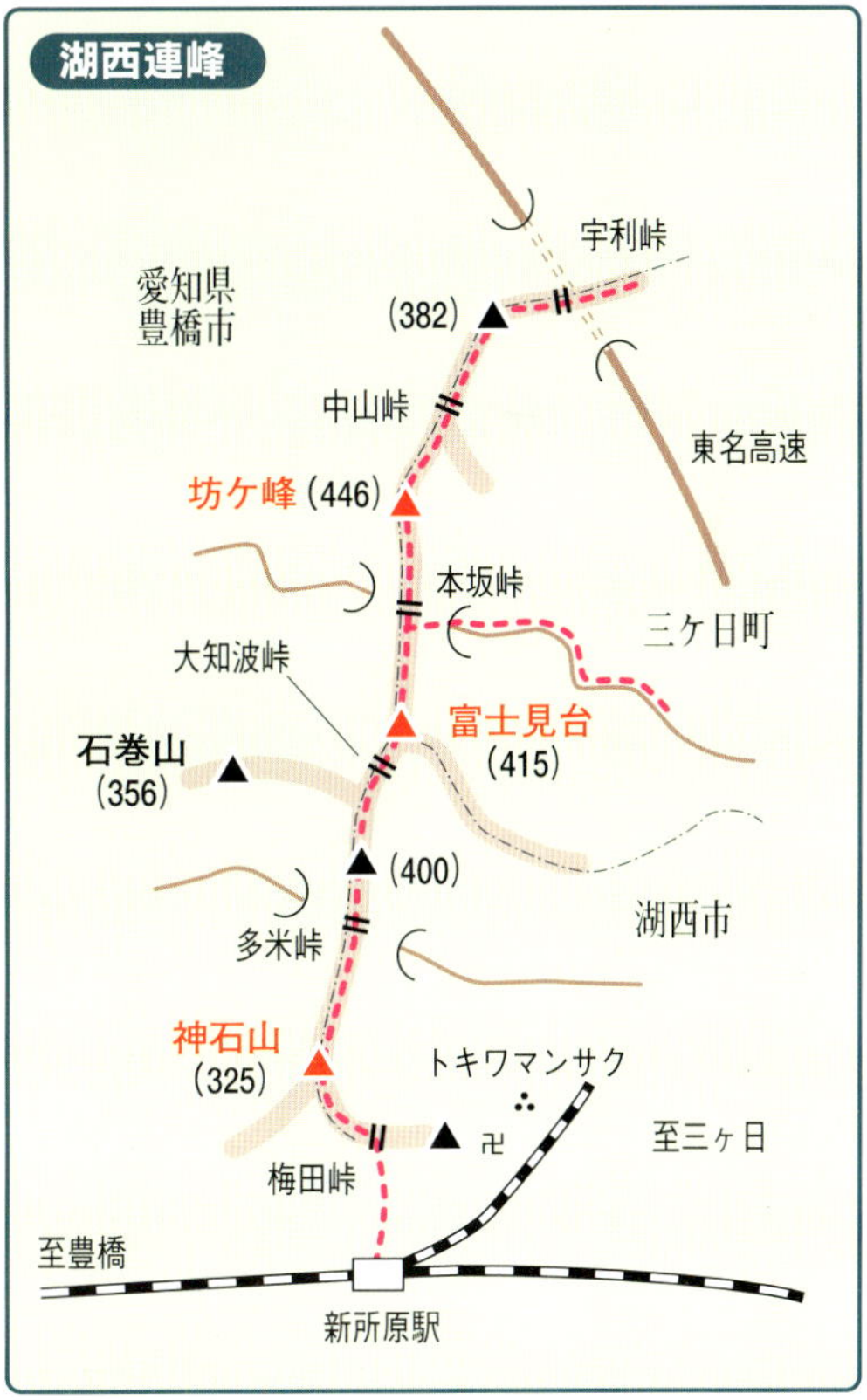

として利用される。萼がネバネバするモチツツジも静岡県が東限といわれている。また 静岡県では、南伊豆と浜北市にある県立森林公園にしか分布していないとされているアオモジが冬になっても落葉せずに紙質の黄色の葉をつけている。2月下旬ごろには黄色の花が咲き、クロモジと共に高級楊枝として重宝される。赤い実のマンリョウは、小鳥が好んで食べ、プレゼントとして家庭の庭先に落として生えることが多いが、ここでは餌が豊富なのか、この時期になってもまだ実をつけたままである。

嵩山から梅田峠に戻り、北へ向かって登ると間もなく仏岩だ。この辺りにはヤツデと同じウコギ科のカクレミノの大木がみられる。葉が浅く3裂して形が蓑に似ているので、この名が付けられた。しかし、よくみると5裂のものや全く裂けていない葉もある。日陰に耐える樹種で、季節を問わず黒々とした緑色の葉をつけている。日本庭園の日陰の部分になくてはならない木である。あまりなじみのない木ではあるが「ソヨゴ」もある。モチノキ科の常緑樹で枝を折って振ると葉がサラサラと鳴ることから付けられた名前だ。長い柄にブラブラ揺れる赤い実は、仲間のモチノキとは違った風情がある。

⬆ソヨゴ（開花6月、結実11～12月）

ハイキングコースにある所々の岩に立つと歩いてきた稜線沿いに広がる常緑樹のアカガシ、シイ、タブ等の木と落葉したコナラ、アベマキ等の自然のコントラストが美しい。

神石山から多米峠へ

スタートして1時間余り、多米峠との中間地点に一等三角点を持つ神

⬆羅漢像

石山(325m)がある。航空灯台のあった山頂は広々としているが、広葉樹の林に囲まれて展望はきかない。神石山から多米峠に向かう途中には、県下でも珍しいヒイラギの古木林がある。ヒイラギはモクセイ科の常緑中木で、冬にモクセイの香りのする白い花が開く。葉の縁には鋭い刺があるが、老齢木になると刺がとれて全縁になる。人の一生もかくありたいと願うが、人は齢を重ねるほど頑固になって刺が出やすいか。クリスマスに赤い実を付け、英名「ホーリー」で親しまれているセイヨウヒイラギは葉はヒイラギにそっくりだがモチノキ科だ。花も実も全く異なるし、もちろん自生はしていない。

梅田峠から多米峠間は約2時間の道程であるが、仏岩、ラクダ岩、雨宿り岩などと名付けられた巨岩がアクセントになり、植物の多様さと共に変化にとんだコースが楽しい。そして何よりも530羅漢さんに見守られ、きちんと整備されたゴミのない登山道が素晴らしい。歩きながら、スイスの花トレッキングの小径の美しかったことを重ねて思い出してい

⬆ヒイラギの花(開花11～12月)

⬇ヒイラギのトンネル

た。

多米峠付近は、無粋な送電線が走っていてがっかりだが、架線下にはワラビがよく生える。ワラビは、10年生ぐらいまでのスギやヒノキの人工林の中が適地である。しかし、材価が安いために、伐採して植林をする人もいなくなり、ワラビの適地も少なくなった。その点では、架線下は一定期間ごとに伐採されて若い林だから、毎年ワラビがよく生えるのだ。

体力に自信のない人は、この多米峠から天竜浜名湖鉄道の知波田駅へ下るとよい。

多米峠からさらに本坂峠を目指して歩くと、道の両側にイヌツゲの古木がうっそうと繁ってトンネルをつくっている。イヌツゲは、櫛や将棋の駒等に利用されるツゲ科のツゲとは違ってモチノキ科に属する。材は器具にも利用されるが、その多くは専ら庭木である。鶴や亀を形造るトピアリーはイヌツゲが多い。

その林を通り抜け、1時間ほどで平安時代に栄えたという廃寺跡・大知波峠に到着する。廃寺跡には束石であったと思われる石が一定間隔に並び往時をしのばせてくれるが、峠からの浜名湖の眺めも見逃がせない。

この先は、両サイドに笹が多くなってくるが、歩を進めると富士見岩と呼ばれる巨岩に出合う。その名の通り富士山の見える展望台となっている。記念撮影をと思うところだが、ここも送電線の鉄塔が邪魔になって写真にならない。生活のためとはいえ建設の場所に、もう少しの配慮ができないものかと思う。

巨岩を後に北へ足を運ぶとアカガシの林に覆われた上浅間神社があり、そこを通過すると間もなく本坂峠。峠には、姫街道の大きな案内板がある。東海道の裏街道として繁栄した街道で、領主茶屋場跡や石畳が往時の風情を今に伝えて味わい深い。石畳の街道にはツバキの群生地があり、見事だ。そのまま下って三ヶ日駅へは交通頻繁な車道の脇を約7km歩く。運よくバスの時間に間に合えば駅まで15分くらいで着く。

本坂峠から、さらに北へ足を延ばせば、坊ヶ峰を経て中山峠、その先に富幕山が控えている。自分の体力や時間の配分に応じて、どのようにでも歩けるいコースだ。

⬆本坂峠

岩岳山《いわたけさん》

アカヤシオ、シロヤシオ、トウゴクミツバツツジほか

［春野町／1369m］

幻のボタン、アカヤシオの山。山菜も豊富

遠州の七不思議の一つ、アカヤシオのピンク色で、山が染まる晩春。かつては深山幽谷の秘境といわれたが、駐車場も整備され、開花期には大にぎわいとなる。

岩岳山というと「アカヤシオ」と出てくるくらい、アカヤシオとの結びつきが深い山である。例年、4月末からのゴールデンウイークが見頃とあって、登山客ばかりでなく普段は、山に関心がなくても、この時期だけは足を運ぶ人もいて、大にぎわいとなる。

岩岳山へ登るには公共交通機関の便が悪いために、自家用車かタクシーの利用となる。国道362号を天竜川の支流・気田川の川上に向かい、気田に着いたら今度は、気田川の支流・杉川沿いを遡る。平城の集落で中川根へ通ずる国道と別れて杉川を渡る。急勾配の道路を上ると、茶畑の広がる高杉を経て標高600mの杉峰である。ここからは、緩やかな勾配の林道を「ログペンション・シンフォニー」や「県立高校生山の村」の案内に従って進み、ログペンションから約4㎞で終点の小俣に到着する。

終点には、森林管理署(旧営林署)の造林作業小屋や東屋、トイレもある。アカヤシオの開花期には、森林管理署や町役場の職員が駐車場の整理に当たってくれるので、その指示に従う。何せ、交差もままならない狭い林道なので、自分勝手な行動は、はた迷惑である。

駐車場で身支度を整えてスタート。しばらくは左に小俣川を見て林道を歩く。林道の法面には、フキやイタドリ、ウド、ニワトコ等の山菜も目に付く。採取するときは、後のことも考えて根こそぎ採らないことが原則。タラは、「山菜の王」といわれるが、枝分かれが極端に少なく、新芽は先端にしかつかない。それを採ろうとして、幹の途中で切ると萌芽力が弱いので、枯れてしまうことになる。

山菜は、いずれもアクが強い。長く置くとアクが固まって、食べられなくなる。採るときは、1回分だけの量にして味わいたい。谷間の日陰には、モミジイチゴの白い清楚な花

も咲いている。黄色の甘くておいしい実になるのは夏になってからだ。

スギの梢からオオルリの声

林道脇の杉の梢からは、沢の瀬音をバック音楽に高らかにオオルリの縄張り宣言のさえずりが聞こえてくる。水辺の野鳥は、動き回ることが少ないために、じっくり観察できるが森林帯の小鳥は、

➡登山口の白滝・赤滝

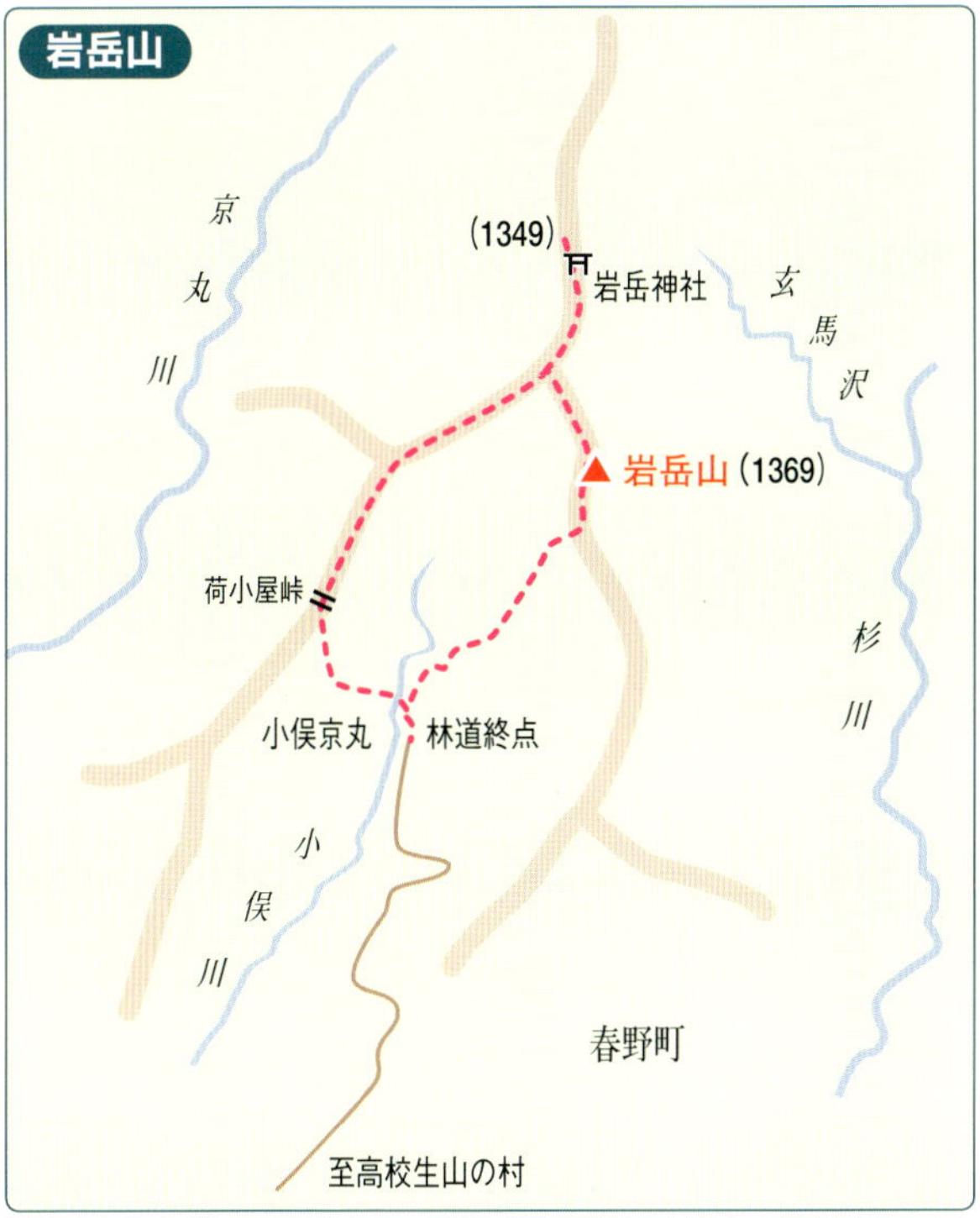

〈参考コースタイム〉
林道終点─20分─吊り橋─50分─荷小屋峠─50分─分岐点─10分─岩岳神社─5分─分岐点─30分─岩岳山─1時間20分─吊り橋

動きが忙しく、その姿を落ち着いて観察することは容易ではない。その点では、オオルリはさえずっているときはいつも梢。日本三名鳥の一つに数えられ、鳴き声の美しいことで知られるが、コバルトブルーの姿も、目を楽しませてくれる。

⬆モミジイチゴ(開花3～5月)。夏には黄色の甘い実になる

林道で切り取られた崖には、イワシャジンが枝垂れ柳のような涼しげな葉を伸ばしている。イワシャジンが、紫色の小さなかわいい花を開くのは秋。ウツギは、白い花を枝いっぱいに咲かせている。空木と書き、幹が中空であるところからきた名前で

⬆イワシャジン(開花9～10月)

あるが、花はウノハナという。花の名前の由来は、卯月(旧暦)のころに咲くことによる。豆腐を作るときの副産物「うのはな」は、ウツギの花が地面にこぼれたさまに似ているからだという。

林道も終わりになると吊り橋があ

⬆クロモジの花(開花4月)

⬆白い花を枝いっぱいにつけたウツギ（開花５～６月）

⬇小俣川に落ち込む峰

り、荷小屋峠経由と直登コースに分かれる。吊り橋を渡れば荷小屋経由、右の尾根を上れば直登コースとなる。一周すれば、元の地点に戻り、標高差はゼロとなるのでどちらにしても同じことだが、そこはやはり吊り橋を渡って、登りの緩やかな荷小屋峠経由をとる。

吊り橋を渡ると、いきなり急な登りとなるが、そこを登りきると横払いの道が多くなる。右手には、目指

す岩岳山や入手山がくっきりと見え、小俣川に落ち込んでいる山の陰影も美しい。

駐車場から荷小屋峠までは、1時間少々。振り返って谷を隔てた岩岳山の方を見ると、断崖はまだ日陰だ。岩山が、遠州七不思議の一つに数えられた京丸ボタン・アカヤシオのピンク色の花に染まって見える。七不思議では、60年に1度だけ咲いたというが、昔はそれほど秘境の地であったのであろう。

荷小屋峠から西を望むと、木立越しに深く落ち込んだ京丸川を隔てて京丸山、その山裾に、京丸の伝説と共に、現在も1軒だけ残っている藤原家の静かなたたずまいも見える。「深山幽谷の秘境」といわれた所だ。

峠からは、少々きつい上りであるが、森林は芽吹き始めたアカシデ、ヒメシャラ、ブナ等の落葉広葉樹林で快適である。高度を上げるに従って、モミやツガの針葉樹が多くなってくる。その下に、爪楊枝として重宝されるクロモジの黄緑色の花がひっそりと咲いている。クロモジはクスノキの仲間で、かっては香水も作られた。いまでは、高級和菓子の楊枝としても欠かせない。

稜線が見え始めると、アカヤシオの花もチラホラ見えてくる。岩岳山からのルートと合流したら、最初に左コースをとって岩岳神社の方へ。神社には、立派な鳥居が建てられて、祠がある。無事に上がって来たことへの感謝と、下山と帰宅までの安全を願う。神社から北へ向かうと、稜線伝いに竜馬ヶ岳から高塚山を経由して蕎麦粒山へ。神社から引き返して荷小屋峠へのルートを見送って、いよいよ岩岳山へ。名前のごとく、岩のゴツゴツした山で、それを上がっ

⬆岩岳神社

⬆岩岳山のアカヤシオ（開花４～５月）

たり下がったりしながら進む。アカヤシオが満開だ。アカヤシオは、もちろんツツジの仲間で、植物分類学的には紀伊半島、四国、九州に分布するアケボノツツジの変種とされている。

岩岳山のアカヤシオ群落は、樹齢

➡神秘の花、アカヤシオ

が100年から300年といわれる。学術的にも貴重であるとして「植物群落保護林」に指定されると共に、昭和49年には国の「天然記念物」にも指定された。

アカヤシオが多く分布しているのは、岩岳神社から岩岳山にかけての稜線西側である。足場の悪い所に多く生育しているので、写真撮影には充分用心を。岩の間には、ウラハグサと思われる野草が涼しげな新葉を伸ばしている。山野草愛好家は、風知草といって鉢植えにしている。少しの風にも揺れるので、その名がある。葉を取ってよく見ると、葉柄のところで180度よじれて裏表が逆になっている。名前の由来は、すぐ理解できるが奇妙な植物だと思う。

⬆ウラハグサと思われる涼しげな新葉

⬆トウゴクミツバツツジ(開花5月)

足を痛めないよう下る

三角点のある岩岳山頂まで登ると、岩場を好むアカヤシオもシロヤシオも少なくなる。

シロヤシオも同じツツジの仲間だが、こちらは新葉が先に開いて、葉の下に白い花をぶら下げる。花期は、アカヤシオより2週間くらい遅れて、5月下旬ごろとなる。

花を堪能したら、後は山を下るのみ。起点の吊り橋のある所までは、急傾斜で至るところに階段が造られている。梢に芽吹きを見せ始めたヒメシャラや、一段と鮮やかなミツバツツジの花を観賞しながら、膝を痛めないようにゆっくり下ろう。

竜《りゅう》頭《とう》山《ざん》

オオバアサガラ、ヤマアジサイほか

［佐久間町、春野町／１３５１ｍ］

国際森林年記念林の緑を味わう

オオルリ、ミソサザイなど野鳥のさえずりを聴きながら、軽装なら三時間で山頂へ。ヤマボウシ、エゴノキの白い花が輝く。夏にはアサギマダラの乱舞を見ることができる。

南アルプス南部の山並みも終わりに近い北遠の山々。その最南端に一際そびえ立っているのが竜頭山。佐久間町と春野町の行政界に鎮座し、天竜川沿いに龍山村瀬尻辺りの国道を北上する時、行く手を阻むように大きく立ちはだかって見える。名前の由来のように、竜が首をもたげた格好をして、スギ、ヒノキ一色の北遠路にあっては、紅葉樹林の広がる異色の存在の山である。

天竜浜名湖鉄道西鹿島駅から水窪、佐久間方面行きのバスに乗って、佐久間町大輪で下車する。バス停から天竜川の左岸道路を引き返して１５０ｍくらいの所に「竜頭山登山口」の案内板がある。「現在地・海抜１２４メートル、頂上まで６０４０メートル」と記されている。竜頭山頂は、１３５１メートルだから標高差は、１２２７メートル。ザックを背負った本格的な装備の登山ならば4時間はみなければならないが、日帰りの軽装備ならば3時間程度あればよい。

案内標識に従って、石段を上るとすぐに枕木を並べただけの道に出る。林業に携わった方なら、これが何のための道であるかわかるが、一般の人では一見しただけでは理解できない。これは、かつての木材搬出の重要な施設であった「木馬道《きんまみち》」である。この枕木の上を木材を満載した木製

⬇山頂付近の落葉樹林

のソリを人力で引っ張るのである。従って木馬道は、荷を積んだ場合は上り勾配があってはならない。そして、木材搬出作業は常に危険が伴う。そのため、木馬道の設計、搬出作業は高度な技術と経験が要求された。その後、森林軌道へ、そして林道へと変わり、今では木馬道はもちろんのこと森林軌道での搬出作業を見ることはできない。

木馬道跡をたどる

　木馬道を歩くのは、鉄道線路の枕木の上を歩くのと同じで、自分の歩幅と異なるので苦労する。半血沢の清流の音を聞きながら、枕木の残る道を1時間ほど登ると、西渡方面からの登山道との合流点「青なぎ」に到達する。青なぎは、竜頭山への三分の一程度の道のりにあり、格好の休憩場所で、ここで沢とも別れるので水の補給もしたい。濁流の多い梅雨の増水期にもかかわらず、ゴウゴウと流れる水は清流そのもの。管理の行き届いた森林の働きの偉大さを感じ「大切にしなければ……」との思いを一層強くする。

　青なぎを出発し、木の間隠れに仙戸方面の集落を望みながら歩を進めると、いつの間にか木馬道の枕木も朽ち果てた登山道となる。沢の水音も遠ざかり、替わってウグイス、オオルリ、ミソサザイ等の野鳥のさえずりが耳に入るようになる。ミソサザイは、日本に生息する野鳥の中で最も小さいといわれる。小さな体で、驚くような鳴き声でさえずりながら、岩の間や落下した枯れ枝の間を忙しそうに飛び回っている。農家の軒下で営巣することもあり「タナサガシ」という不名誉な地方名をもらったり、その茶色の姿から「ミソックイ」「ミソッチョ」とも呼ばれる。俳句では、「三十三歳」と女性の厄年を思わせるような当て字を書かれることもある。

　山頂近くなると、スギ、ヒノキの林から広葉樹林へと変わる。ヤマボウシの梢には、梅雨の晴れ間の陽に白い花が輝き、登山道にはエゴノキの白い花が散り敷かれている。

　広葉樹林の中に入ると間もなく、竜頭山頂へ800メートル、ほうずき平へ200メートルという案内標

バイケイソウ（開花7～8月）➡

識がある。ほうずき平の方へ行くと、「国際森林年記念林・天竜の森」がある。1985年、FAO（世界食糧農業機関）は、地球環境悪化を懸念して森林の保全運動を提唱したが、それに呼応して、静岡県が整備した森である。きれいな園地や避難小屋、ベンチなどが整備されている。すぐ下をスーパー林道・天竜線が走っている。それを知らずにふもとから苦労して登ってくると、「車で登れば」との想いでガッカリしないでもない。

国際森林年には、世界中の林学者が日本に集まり、環境問題と森林の重要性について議論された。その当時、地球上で1年間に消失する森林面積は1100万ヘクタールといわれていたのに、今では1500万ヘクタールとも1600万ヘクタールともいわれている。地球温暖化が叫ばれる中、恐ろしいことだと思う。かつてJICA派遣のインドネシア研修生を受け入れたことがある。どこまでも広がるスギの人工

➡ヤマアジサイ（開花7月）

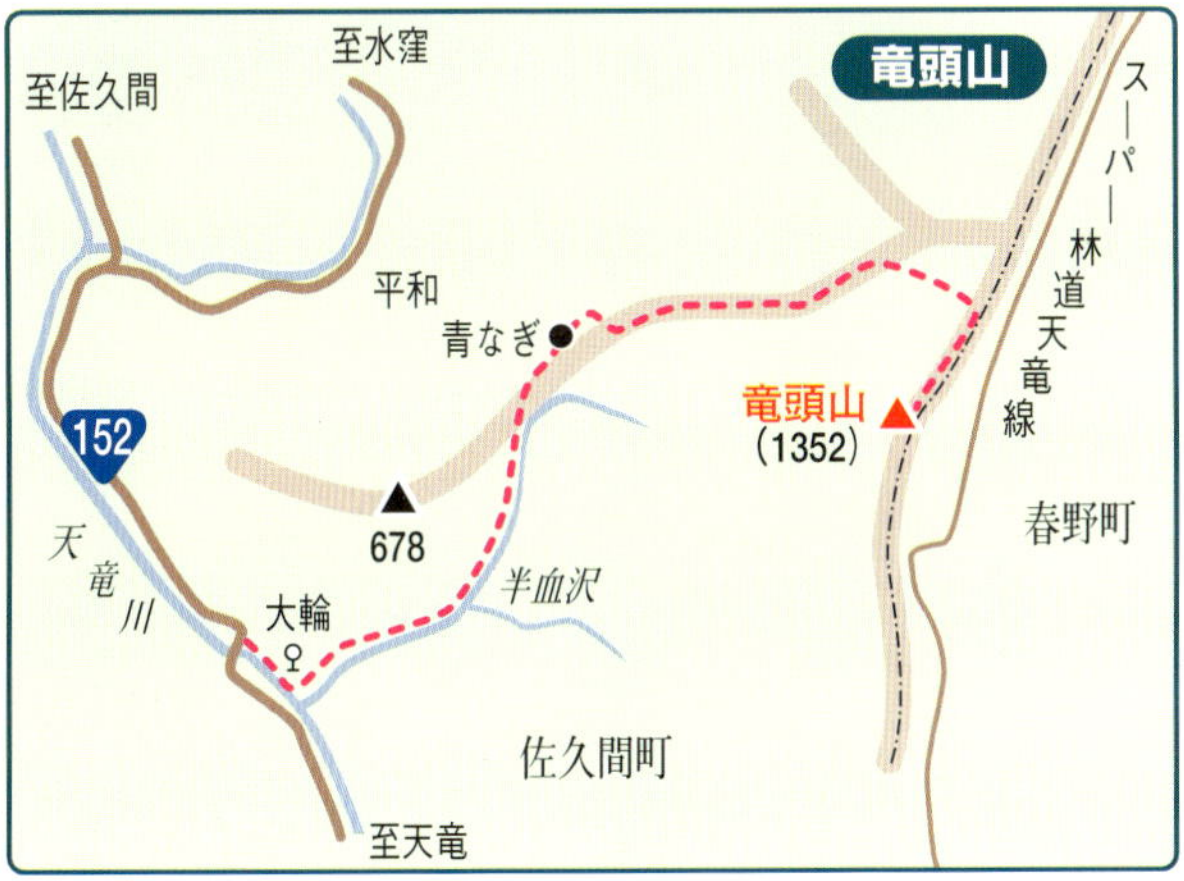

〈参考コースタイム〉

佐久間町大輪―1時間分―青なぎ―1時間30分―ほうずき平―30分―竜頭山頂

造林地を見て、研修生いわく「日本人はズルイ。こんなに木材を隠して」と。また、あの広大な人工林が、苗木を1本1本植えて50年、１００年も育てたのだということも、なかなか理解してもらえなかった。そのころは、日本は合板用木材のラワン材を東南アジアから盛んに輸入し、相手国からは「森喰い虫」とさえいわれていた。その裏で日本の林業は、採算上のことと後継者不足のために、坂道を転げ落ちるように衰退の一途をたどっていた。

ほうずき平周辺の夏は、ヤマアジサイやヒヨドリバナが咲き、タイミングがよければその花に群がるアサギマダラの乱舞を見ることができる。アサギマダラは、長距離を移動することで有名である。また 林縁にはバイケイソウがたくさん見られる。木々の芽が吹く前の落葉の中に、鮮やかな緑のいかにもおいしそうな姿を表す。しかし、大変な毒をもつ野草なので御用心。バイケイソウの葉は、上の木々が緑深くなるころには枯れて姿を消し、その後に花だけを咲かせる。

周辺のスギやヒノキの林を歩くと、根元の皮が剥がされ腐れが入っている木を見かける。これは、冬眠から覚めたツキノワグマが、スギやヒノキの樹液をなめるためにできた被害である。春先は、木材が水分を盛んに上げているので剥げやすい。木材で一番値打ちある地際の部分が被害を受けるので、森林所有者のダメージも大きい。どこまでがクマの縄張りで、どこまでが人間の縄張りなのか、自然との共生といっても、なかなか論じがたい一面がある。

ほうずき平から、竜頭山頂へは歩

⬆ヒヨドリバナ（開花８～９月）

⬆レースのカーテンのような
花を咲かせるオオバアサガラ（開花６月）

⬆佐久間町の山野草保存会が大切に管理しているセツブンソウ（開花２〜３月、佐久間町浦川）

道と車の通る電波塔の管理道がある。いずれも30分ほどで三角点のある山頂へ着くが、展望はよくない。山頂から更に１００メートル程南へ歩くと３６０度を見渡せる大展望地の東屋がある。眼下に登山口の大輪《おおわ》の真っ赤な橋や瀬尻付近の秋葉湖を望み、北には南アルプス南部の山々、東に富士山、西には、愛知県の茶臼山や鳳来山、南に三方原の台地が広がる。春ともなると、アカ、シロのヤシオツツジ、ミツバツツジ等が咲き乱れる。続いてレースのカーテンのような花を付けるオオバアサガラやお茶の花のようなヒメシャラが開花する。2月中旬から下旬ごろならば、佐久間町の山野草保存会の皆さんが大切に管理しているセツブンソウが開花する。県内では珍しい花の群落なので、浦川沢上地区まで少し寄り道になるが、それを見せていただくのも、この山行の楽しみの一つに加えたい。

➡ツキノワグマの被害を受けた樹木

渋川《しぶかわ》つつじ公園

シブカワツツジ、カザグルマほか

［引佐町］

緑に映える紫のツツジ、快適な里山散策

5月下旬、公園はシブカワツツジ一色に染まる。このツツジは蛇紋岩特有の植物。大平の「シブカワツツジ群落」とともに県の天然記念物に指定されている。また、ヒメカンアオイも見逃せない。

渋川つつじ公園は、静岡県の西の端、愛知県境に接する引佐町の山中にある。ここでは、渋川つつじをはじめとする、蛇紋岩地特有の植物を観察しながら、豊かな自然の中で、里山ハイキングを楽しみたい。

引佐町渋川への交通は、ＪＲ浜松駅前のバスターミナルから、遠鉄バス・渋川行で2時間近く。自家用車を使うなら、浜松から1時間余り、東名高速道路・浜松西インターから約40分ほどかかる。

公園では、花の咲く5月下旬に「渋川つつじ祭り」が開催される。祭りの期間は屋台も並び、毎年、多くの観光客でにぎわう。地元の皆さんの、ガイドや道標に従って、農家の裏山を歩くと一汗もかかないうちに山頂に着く。この山一帯が公園となっていて、散策路が整備されている。山は、渋川つつじの色・紫色に染まっている。

渋川つつじは、蛇紋岩特有の植物である。その他には、マンサク、ネズミサシ、メギ、ガンピなどがある。これらの植物は、「蛇紋岩植生」と呼ばれている。

蛇紋岩は、濃暗緑色をした光沢のある岩石である。超塩基性岩で、珪酸質が45％以下と少なく、酸化マグネシウムが40％前後、ニッケル、クロームなどが多い化学的に特殊な岩

↑シブカワツツジ（開花５月）

⬆山の中のツツジ

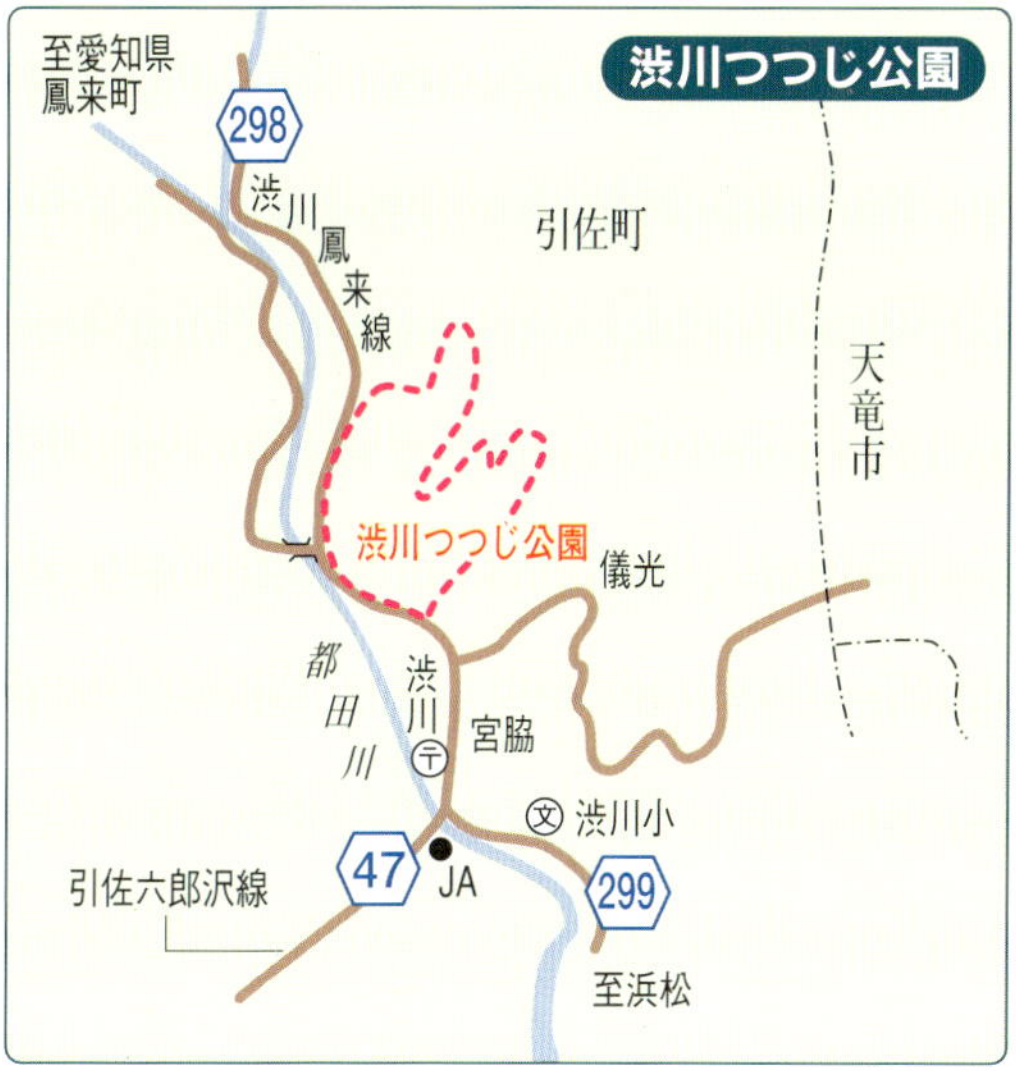

〈参考コースタイム〉
渋川バス停―5分―渋川つつじ公園入り口―1時間（ゆっくり散策）―渋川バス停

石である。岩が露出して、土壌ができにくいので、土地がやせて乾燥しやすい。スギやヒノキを植えても育たない。だからこそ、このような貴重な自然が残っている。

渋川つつじは、全国的にも稀な植物である。引佐町渋川の他には、愛知県東部と三重県伊勢神宮の山にのみ分布する。静岡県では、シブカワツツジの名前で親しまれているが、古い植物図鑑には、和名の「ジングウツツジ」として紹介されている。渋川温泉の奥にある大平の「シブカワツツジ群落」と「渋川つつじ公園」の二カ所は、静岡県の天然記念物に指定されている。この2カ所を含めて、渋川つつじの群生地は、ほとんどが「渋川自然環境保全地域」に、指定されて保護されている。その面積は、195ヘクタールに及んでいる。花をみて美しいと思っても、もちろん、採取は禁止されている。蛇紋岩特有の植物だから、生態的にも移植は無理で、枯れてしまう。

⬆ギフチョウの餌となるヒメカンアオイ（開花２～３月）

⬆雁皮紙の原料となるガンピ（開花５～６月）

⬆カマツカ（開花４～５月）

シブカワツツジは、大きな菱形の葉が3枚輪生する、ミツバツツジの仲間である。県内には、アマギツツジ、ミツバツツジ、コバノミツバツツジ、キヨスミツバツツジ、トウゴクミツバツツジとアマギツツジの6種がある。シブカワツツジとアマギツツジは、葉が開いた後に花が咲く。他の4種は、葉に先だって花が咲くか葉と花が同時に開く。

この山で見逃すことのできない植物が、もう一つある。ヒメカンアオイだ。徳川家の紋所・フタバアオイと同じウマノスズクサ科の常緑草本である。高さは、10㎝ほど、公園の中に多数分布している。カンアオイの仲間は、根元に、それも半分は、土の中に埋まるような形で花が咲き、種子ができる。そのために、分布の広がる速度が極めて遅く、各地に多くの固有種がある。和名は冬でも葉が緑色をしていて、葉がアオイ類に似ていることに由来する。

つつじ公園、儀光《ぎこう》温泉《おんせん》、枯山にかけてはギフチョウが生息しているが、その数はめっきり減ってしまったと言う。4月上旬ごろ、山頂や尾根、日

➡ネズミサシ

➡イチイ

当たりのよい傾斜地に現れる。ギフチョウの餌となるのが、ヒメカンアオイである。親の蝶は、孵化した幼虫が餌に困らないように、必ず、ヒメカンアオイの葉裏に産卵する。この蝶は、町の条例により採取禁止になっている。みんなの手で保護し、公園のタチツボスミレなど多くの花に乱舞する姿が見られるようにしたいものだ。

⬆花も実も美しいコバノガマズミ（開花4～5月）

山頂の散策路沿いには、ガンピ、コバノガマズミ、カマツカなどの花も咲いている。いずれも、シブカワツツジに比べれば質素な花であるが、寒い冬に耐え、春を待ちかねて咲いたかと思うといとおしい。ガンピは、ジンチョウゲ科の落葉低木で、樹皮の繊維が強く、これで作った雁皮紙は、最高の和紙である。コバノガマズミは、春の白い花もよいが、秋になると赤く実る果実も美しい。口に含むと甘酸っぱい味がする。

鎌の柄に使われたカマツカ

カマツカは、バラ科の落葉樹で樹高は、5m程度になる。5月ごろ、白い花をつけ、秋には橙赤色の果実を結ぶ。カマツカの材は、非常に緻密で丈夫なため、鎌などの柄に利用されたので、この名がある。別名「ウシコロシ」といって、牛にとっては聞き捨てならぬ名前もある。これは、牛の鼻に、鼻ぐりを付けるための孔あけに用いられたからだという。先人の材の質や用途を見極めた使用法に、改めて脱帽である。

広葉樹ばかりの中に、ネズ（ネズミサシ）もある。ヒノキ科の10m程度になる常緑の針葉樹である。盆栽の世界では、「杜松」の名で知られる。ネズミに壁に穴を開けられると、この木の針葉を差し込んで侵入を防いだ。近ごろは、家ネズミも少なくなって、用も無いか。

山を下りて、1周する形で駐車場に戻ると、農家の庭先に、1本のカヤがある。この木は、森林にあっても、なぜか群生することなく、単木で生育する。生長が遅い分、年輪は

⬇コアジサイ（開花５～６月）

⬆テッセンの花によく似たカザグルマ（開花５月）

狭く材は緻密である。最高の碁盤、将棋盤として利用されるが、それには、数百年を要する。数多くの樹木の中で、なぜ「カヤ」なのか。碁石をカチンと打っても、カヤの碁盤は弾力性があり、少しへこんでも、また元へ戻るからだと聞いたことがある。

ほんの小さな山にも、様々な植物が生育している。つつじ公園から、少し奥の渋川温泉の方へ足を延ばしてみる。シブカワツツジの花の季節ならば、アジサイを小さくした姿のコアジサイの花が咲く。沢沿いでは、「こんな所にテッセンの花が？」とびっくりさせられる。ところが、同じキンポウゲ科のツル植物ではあるが、カザグルマ(風車)といってテッセンとは異なる。中国原産で、鑑賞用に色々な品種が栽培されているテッセンは、花弁のように見える萼片は6枚が普通である。カザグルマには、8枚ある。あまりにもテッセンに似て美しいからか、心無い人たちに盗掘されて、近年は著しく減少している。とるなら、写真に撮って帰ろう。

ま行

や行

ら行

参考文献

1. 牧野富太郎『牧野新植物図鑑』北隆館
2. 大井次三郎　改訂増補新版『日本植物誌(顕花篇)』至文堂
3. 杉本順一『静岡県植物誌』第一法規出版
4. 奥田重俊『日本野生植物鑑（生育環境別）』小学館
5. 近田文弘『静岡県の植物群落』第一法規
6. 貴島恒夫，岡本省吾，林昭三『原色木材大図鑑』保育社
7. 上原敬二『樹木大図説（Ⅰ～Ⅲ）』有明書房
8. 清水建美『原色新日本高山植物図鑑(Ⅰ～Ⅱ)』保育社
9. 伊沢一男『薬草カラー図鑑』主婦の友社
10. 近田文弘『南アルプスの自然と人』南アルプス研究会
11. 杉山恵一監修『ふるさとの自然（伊豆編）』静岡県
12. 杉山恵一監修『ふるさとの自然（東部編）』静岡県
13. 杉山恵一監修『ふるさとの自然（中部編）』静岡県
14. 杉山恵一監修『ふるさとの自然（西部編）』静岡県
15. 近田文弘監修『自然観察コース100選ガイド』静岡県
16. 静岡県自然保護課編集『静岡県自然観察ガイドブック⑰『渋川の自然』静岡県
17. 上野明，寺田洋子『おいしい野草』静岡新聞社
18. 中西悟堂『野鳥記（1～8）』春秋社
19. 小林清之介『鳥の歳時記』真珠書院
20. 高野伸二『日本の野鳥』日本野鳥の会
21. 北川捷康，森川弘美，矢崎武男『静岡県の自然　四季の野鳥』静岡新聞社
22.『鳥630図鑑』日本鳥類保護連盟
23. 黒沢美房，斉藤全生，戸田英雄，杉野孝雄，杉本順一『静岡県の自然　春の植物』静岡新聞社
24. 黒沢美房，斉藤全生，戸田英雄，杉野孝雄，杉本順一『静岡県の自然　夏の植物』静岡新聞社
25.『山の便利帳2000』山と渓谷社
26. 静岡県山岳連盟『静岡県登山ハイキングコース143選』明文出版社
27. 静岡県高体連登山部編集委員会『しずおか私たちの山々ー高校生と教師の83山ー』静岡県高体連登山部
28. 静岡市山岳連盟『静岡市の三角点100』静岡市山岳連盟
29. 静岡百山研究会編『静岡の百山』明文出版社
30. 静岡新聞社編『静岡県の山50選』静岡新聞社
31. 静岡ガンマー山岳会　岡本滋　『静岡県日帰りハイキング』静岡新聞社

写真で紹介した植物の一覧（五十音順）

川崎　順二（かわさき　じゅんじ）

1938年宮崎県生まれ。
1961年宮崎大学農学部卒業。同年４月、静岡県庁入庁。生活文化部自然保護課長、林業水産部林政課長、生活文化部環境局長などを歴任し、1997年３月退職。現在、㈳静岡県造園緑化協会専務理事。静岡県藤枝市在住
役職：日本鳥類保護連盟評議員、南アルプス国立公園検討委員、南アルプス高山植物保護検討委員、日本造園学会会員。
著作：『野に遊ぶ』、「緑の環境づくり－緑化木の管理」「街の木200選」『ふる里まるごとウォーク』（静岡新聞社刊、一部執筆）。また静岡新聞に「路上の四季」と題して１年間、静岡県内の街路樹を紹介。

●表紙写真　荒川・前岳から赤石岳を望む（伊藤耕次氏撮影）
●裏表紙写真の花　上からクロユリ、テガタチドリ、イワカガミ

花に出会う山歩き

2000年 7月25日 初版発行

著　者　川崎　順二
発行者　松井　純
発行所　静岡新聞社
〒422-8033　静岡市登呂3-1-1
☎054-284-1666
FAX 054-284-8924

印刷・製本　柳澤印刷株式会社

ISBN4-7838-1753-7　C0026

テガタチドリ（南アルプスで）